3000棟取材した
住宅ライターが明かすホントのこと

# 失敗しない家づくりの法則

住宅ライター
木村大作



Shasta
シャスタインターナショナル

# 推薦のことば

こんにちは。小説家の鈴木光司です。この本を書いた木村大作君と初めて会ったのは24年前のこと。僕が「らせん」で吉川英治文学新人賞を戴いたとき、タウン誌の取材で来てくれました。彼はその後も僕が新刊を出すたびに、感想をハガキで送ってくれたのです。小説家は、熱心な読者に励まされます。

編集者だった彼がフリーランスのライターとなり、このたび、住宅の本を出版しました。独立してから毎年200棟もの住宅を取材してインタビューを重ね、その数は累計3,000棟を超えるそうです。普段はどちらかというと物静かな人なのに、住宅の話になると急に熱を帯びてきて、延々と喋り続けます。

おいおい、君はいつから住宅オタク、いや、住宅ライターになったんだい？

そんな彼から「光司さん、僕初めて本を出すんです。推薦文を書いていただけませんか」と連絡をもらいました。彼は僕の弟子だと思っているので、断る理由などありません。事前にゲラを読ませてもらったのですが、素直な文体でとても読みやすいと感じました。新築を考える20代後半から30代の夫婦、特に主婦の方が短時間でスラスラ読めるよう、わかりやすく書かれてあります。

この本のキモは、建築のプロではない、住宅ライターが本音で書いていること。読者に一番近い立場から客観的に「これはいいけど、それはやめた方がいい」とはっきり言い切っているのが他の住宅本と違うところだと思います。

そういう意味では、彼の言葉はプロの住宅関係者が言うことよりも説得力があり、信頼できるのかもしれません。住宅は奥が深くて難しいイメージがありますが、この本を読めばポイントがつかめて、家づくりが楽しくなるような気がします。こんな住宅本を待っていた読者がたくさんいると思うよ、大作君！

# はじめに

「いい家を安く買う方法」「間取りの基本ルール」などなど、世の中には住宅に関する本や雑誌が星の数ほどあふれています。それだけ多くの人にとって、「家」は大切な存在であり、関心が高いということでしょう。6年前に家を建てた私も、たくさんの住宅本を読みあさり、いろいろな住宅会社のホームページを調べました。おしゃれな住宅の写真を見ては、「こんな家に住めたらいいよね」と妻と話していたものです。

ところが、なかなか理想と現実はうまい具合に結びついてはくれません。いい土地が見つからない、日当たりがイマイチ、予算が足りない、住宅ローンをどう組むべきかわからない、住宅会社の担当者とどうも相性が合わない……など、さまざまな問題が次から次へと立ちはだかってきます。それらを一つひとつクリアしながら、世界でたった一棟だけの「我が家」が完成したときの喜びと感動は言葉では言い尽くせません。私も今振り返ると、ああでもない、こうでもないと妻と話し合いながら家づくりを考えた期間は、大変だったけれど楽しくもあり、家族の絆を確かめ合う、いい機会になりました。

これから家を建てるあなたは、何をどう始めたらいいのか、悩んでいませんか?

どの住宅会社を選んだらいいのか、迷っていませんか?

そんなあなたのお役に立ちたいと思って、この本を書きました。

私は、建築家ではなく、大学で建築を専門的に学んだ経験もありません。ましてや、ハウスメーカーや工務店の社長でもなく、何か家づくりの特別な知識や技術を持っている訳でもありません。そんな私がなぜ住宅の本を書こうと思ったのか？

私は15年前にフリーランスのコピーライターとなって以来、３０００棟以上の新築住宅を訪ね、そこで生活する家族を取材してきました。おそらく、一般的な建築家や住宅会社の方々よりも多くの家を見ていると自負しています。そんな私だからこそ、読者のみなさんと同じ視点で、正直な想いを伝えることができるのではないかと思ったのです。

和風、洋風、平屋、二世帯住宅など、新しい家を拝見し、ご夫婦から住みごこちや体験談を聞くライターの仕事は楽しいものです。雑誌やウェブサイトに書ききれなかった感動的なエピソードもたくさんあります。しかし、家が完成し、実際に住み始めてみると、必ずしも満足している家族ばかりではないことを知りました。満足している人と後悔している人は何が違ったのか？　それは、自分で家づくりを勉強したか、しなかったかの差です。勉強しなかった人は、住宅会社の選択ミスを犯していたのです。

「家は3回建てないと満足しない」とよく言われますが、私はそれが正しいとは思いません。家の満足度は、勉強量に比例します。はっきり言いますが、自分で家づくりを勉強しない限り、3回どころか、100回建てても満足することはありません。家づくりに関する基本的な知識と正しい判断力を身につけなければ、どんな家が自分たちの暮らし方に合うのかわからないまま、何となく進めてしまうからです。その結果、「こんなはずじゃなかった」という悲劇を招きます。これは、残念ながら理想の家を手に入れることができなかった家族から聞いた「事実」です。うまくいかなかったのは、住宅会社のせいではありません。すべて、自分たちの勉強不足に原因があります。

そうは言っても、今やご夫婦共働きで家事・子育てに追われるのが当たり前の時代。そんな慌ただしい毎日で、ゆっくりと家づくりについて勉強する時間など、捻出できるはずがありませんよね。ですから、この本は特に重要なテーマに絞って、なるべくシンプルに、わかりやすい言葉で書きました。

構造や性能に関する細かい数値や、住宅ローンの詳細は専門家の方にお任せするとして、「本当に満足できる家を建てるには、どんなことに注意すればいいの?」という、みなさんがいちばん手っ取り早く正解を知りたい疑問に対して、私がこれまで見て、聞いて、触れて、蓄積してきた知識を包み隠さず、ホンネで書くことで答えたつもりです。

住宅のプロの方々が読んだら、「営業妨害だ!」「素人が無責任なことを言うな!」とお叱りの声を上げたくなるような記述があるかもしれません。しかし、現場を誰よりも多く見てきて、そこに住まう家族の生の声を誰よりも多く聞いてきた私だから語れる、という信念と覚悟を持って書きました。

これまで全国の建築家や住宅会社の社長、スタッフの方から学んだこと、取材先の家族から伺った貴重な体験談、さらに、私自身が新築して得た教訓をみなさんと分かち合いたい。少しでも役立ててもらいたいという想いが本書を書くに至った動機です。

「家は一生に一度の高価な買い物」と言われます。それならなおさら、失敗したくないじゃないですか。家づくりに努力賞も敢闘賞もありません。結果がすべてです。家族を守るために、子どもたちの未来のために、何がなんでも成功しなくてはならないのです。

最後に、みなさんに一つだけお願いがあります。この本をご夫婦で読んでほしいのです。パパが読めば、帰るのが楽しみになる家ができる。ママが読めば、家事・子育てが「頑張る」から「楽しむ」に変わる家ができるはずだから。ご夫婦で優先順位を話し合い、信頼のおける住宅会社を選ぶことができたら、みなさんの家づくりはきっとうまくいくと私は信じています。

失敗しない家づくりの法則
3000棟取材した住宅ライターが明かすホントのこと

# contents

Chapter 3

## どこに頼みますか？



Chapter 4

## 土地の話

Chapter 7

## 独断と偏見！間取り・設備のアドバイス



Chapter 8

## 家を長く住み継ぐために

家の満足度は、デザインよりも「住みごこち」で決まる。家族がひとつになれる場所と、一人になれる場所があるとリラックスできる。家は育てていくもの。自分たちで手を入れながら、時間をかけて長く丁寧に付き合っていこう

Chapter

# 1

# 「いい家」とは何か？

せっかく新築するなら
人に自慢したくなるような
おしゃれな家に住みたくはありませんか？
でも、ちょっと待ってください。
家は料理や洋服のように
簡単に変えられるものではありません。
何年経っても飽きのこない家。
住めば住むほど愛着が湧いてきて
やがて子どもたちが巣立って
夫婦2人だけになっても
快適に暮らすことができる家。
それこそが
あなたにとって本当に「いい家」なのです。

# あなたはなぜ、家を建てるのですか？

## 心の拠り所となる場所

住宅雑誌やウェブサイトの取材で、まず私は建て主さんに「なぜ、家を建てようと思ったのですか？」と質問します。それに対するみなさんの答えはほぼ同じです。「子どもが生まれて、住んでいるアパートが手狭になったから」「子どもが小学校に入学する前に、マイホームを構えて落ち着きたかったから」「広い庭付きの一戸建てで、子どもをのびのび育てたいから」。つまり、子どもの成長によって、住環境の改善を迫られたというのが主な理由のようです。

でも、意外とみなさんが気づいていない、潜在的な動機があります。それは、「オンとオフを切り替えられて、リラックスできる心の拠り所が欲しいから」ではないでしょうか。その証拠に、「新築して何か変わったことはありますか？」と尋ねると、ご主人が会社から早く帰るようになったとか、奥さまはキッチンが広くなったり、収納が増えて心にゆとりを持てるようになったと答えます。アパート時代は休日のたびに外出していたけれど、新築してからは、天気のいい休日でも、家にいる時間が長くなったという声も多いのです。

## 家は帰るための「巣」

美術館や図書館、会社や学校は「行く」と言いますが、家は「帰る」と言いますよね。それは、鳥が羽を休めに「巣」に帰ってくる行動と似ています。「行く」場所は、そのときの状況によっては、行かないことも許されます。しかし、「帰る」場所にその選択肢はありません。家は、どんなに体調が悪くても、気持ちが落ち込んでいても、やさしく受け入れてくれる場所でなくてはなりません。本来の自分自身をもう一度取り戻し、英気を養い、心の底からリラックスできる「巣」であるべきなのです。

また、洋服は気に入らなければ着替えればいいし、料理は食べたくなければ食べないという選択ができますが、家はそうはいきません。その一方で、料理と家は似ているところもあります。刺激が強くて濃い味はたまに食べるからおいしいのであって、毎日食べると身体を壊します。家は毎日、そして何十年食べても飽きないお母さんの手料理のようでなくてはならない。そこに、強くはっきりした味付けは必要ありません。

そうなると、家は飽きのこない普通のデザインがいいということになります。普通のデザインとは、時間が経っても古臭く感じないロングライフ・デザインのことです。ただ、そのデザインが自分たちに合っているかどうかは、実際に住んでみないとわからないため、その答えが出るのは10〜20年後になるでしょう。最初は硬かった新品のデニムが、何年か穿くうちにぴったり馴染んできて手放せなくなり、やがてヴィンテージとなっていく、そんなニュアンスに近いと思います

# 家は「買う」よりも「建てる」方が面白い

## 「買う」家と「建てる」家の違いとは？

「買う」家とは、建売住宅や分譲マンションのことで、最初から間取りが決まっている規格住宅のことです。土地と建物がセットになって販売される建売住宅は、基本的に間取りや内装、設備の変更はできませんが、新生活をイメージしやすい、土地と建物の総額がわかりやすい、契約して入居するまでの時間が短いというメリットがあります。

建売住宅は、これまで販売してきた多くの建て主さんの声を集めて改良を重ね、誰にとってもほぼ満足して暮らせるように設計された最大公約数的な家です。最近は、太陽光発電システムや無垢《むく》の床、エアコンなどを標準仕様にするプランもあるほど、年々進化しています。「家には興味がないし、アパートより広ければいいよ」「仕事と子育てで忙しいから、家づくりに時間をかけたくないわ」といった、家に重きを置かないご夫婦なら建売住宅が合っているのかもしれません。しかし、決められた間取りに人が合わせて暮らす建売住宅は、子どもの成長とともに窮屈になってくる場合もあります。生活スタイルは家族によって違いますから、自分たちの暮らしに１００％合う建売住宅は存在しないと理解した上で検討してください。

## 作り手の顔が見える注文住宅

一方の「建てる」家とは、建築家やハウスメーカー、工務店などに設計を依頼してつくる家のことで、注文住宅と呼ばれます。法律上の規制をクリアすれば、間取りや設備、内装、外観デザインなどをゼロから自由に考えられるので、住む人に間取りを合わせることができます。それは、真っ白いキャンバスに好きな絵を自由に描いていくような感覚です。

構造、性能、素材、設備、色など、決める事柄が多く、時間がかかる半面、自分たちだけの「お城」をつくる醍醐味を味わえます。一軒の家ができるまでには、何段階もの工程を踏む必要があります。家を「建てる」というやり方を選んだ場合、このプロセスを一から経験できます。それが後々の満足度に大きく関わってくるのは間違いありません。

図面が決まり、工事が始まると大工さん、左官屋さん、建具屋さん、各設備の業者さんが一つひとつ気持ちを込めて手作業でつくります。取材先で建て主さんからよく聞くのが、「棟梁《とうりょう》や職人さんたちの丁寧な仕事ぶりを見て感動しました」という体験談。私もそうでしたが、作り手の顔が見える家は、大切に扱いたくなるし、住むほどに愛着が湧いてきます。

「買う」家と「建てる」家。自由度が違うのはもちろんですが、いちばんの違いは、家に込められた住まい手と作り手の「想い」です。どちらが良い、悪いとは断言できませんが、家づくりの経験すべてが楽しい思い出となって、家族の心に残るのは果たしてどちらでしょうか？

# 自分たちにとっての「いい家」を考えよう

## 家（建物）を建てようとしてはいけない

家を建てようと思いついたものの、いったい何からどう始めたらいいのか、わからない人も多いのではないでしょうか？　私もそうでした。みなさんにお伝えしたいのは、家そのもの（建物）を建てようと思わないことです。なぜか？　失敗するからです。後悔するからです。デザインや間取りを考えるにあたって大切なこと、それは次の2点です。

**・新しい家で、自分たちはどんな暮らしをしたいのか。**
**・どんな家なら、自分たちはここちよいと感じるのか。**

つまり、暮らしのイメージを固めることが、自分たちらしい家をつくる第一歩なのです。土地や住宅会社を探すにしても、間取りを決めるにしても、「理想の暮らし」のイメージがはっきりしていれば、そこを軸に具体的に考えていくことができます。

とは言っても、いきなり「理想の暮らし」をイメージするのは難しいですよね。そこでお勧めしたいのが、家族一人ひとりの夢、理想をすべて書き出すこと。予算のことはさておき、「大きな吹抜けのあるリビングでジャズを聴きたい」「真っ白なアイランドキッチンで、ママ友とホームパーティを開きたい」「サッカーができるほど広い庭が欲しい」など、とにかく思いつくまま書き出してみるのです。

## 家族全員の理想を書き出してみる

家族会議を開いて、出た意見を整理してみると、「パパと○○ちゃんの理想は似てるね」「えっ、ママはそんなことを考えていたの?」というように、初めて知ることもあるでしょう。忘れることのないように全員の理想を出しきって、ノートにまとめることが大切です。すべての理想が出揃ったら、優先順位をつけていきます。絶対に譲れないこと、余裕があればやってみたいことを家族で共有し、取捨選択していくのです。

私は、ほぼ毎週のように新築住宅の取材に伺っていますが、どの家にも個性があります。中には、広いリビングをすべて畳敷きにしているご家族もいらっしゃいました。和室でもないのに、もったいないなぁと思ったのですが、「ウチはみんなソファに座るのが苦手で、いつも畳の上でゴロンとしたいんですよ」と奥さまから聞いて、ハッとしました。

**「いい家」の価値観は、住む人によってまったく違うのです。**

巷にあふれている家づくりの本には、間取りはこうしなさい、動線はこうすべきというルールがいろいろと書かれていますが、それが誰にでも当てはまるとは限らないのです。

# 新しいのに懐かしいと感じる家

## 懐かしさを感じて安心する家

理由はわからないけれど、「あぁ、いい家だなぁ」としみじみ思う家に出会うことがあります。先日取材に訪れた家の玄関を入って、広い土間を見た瞬間、「懐かしいなぁ」と呟いてしまいました。もちろん、その家はぴかぴかの新築で、私が訪ねたのもそのときが初めてです。それなのに、どこかで見たように感じてしまったのです。私の遠い記憶に刷り込まれたふるさとの原風景なのか、幼い頃、親に読み聞かせてもらった絵本のワンシーンが甦ったのでしょうか。いずれにせよ、私の心の琴線に触れたのです。そんな懐かしさの感情が湧いてくると、その家は馴染みのある家になり、安心感と包容力を感じ取ることができます。

多くのモノ・コトがデジタルに移行されつつある今の世の中は、効率よく、大量に生産することが美徳とされる風潮があります。スピード重視、それは決して悪いことではないのでしょう。でも、せめて家の中だけは、遅い、もったいない、無駄だと思われてもいい、アナログな時間がゆっくり流れていてほしいなぁと思います。

雨音、虫の声、光と風……。昔よく遊びに行った田舎のおばあちゃん家のような、自然と触れ合える土間のある家。通り土間を挟んで室内と中庭が曖昧につながり、家の中にいるのに外にいるみたいな、そんな中間領域がここちいい

あなたにとっての「いい家」とは、どんな家なのでしょうか。実家や社宅など、あなたが子どもの頃から今まで住んできた家を思い出してみてください。いつも家族全員がリビングに集まって笑っていた、狭い和室に全員で寝ていたけれど安心感があった、おばあちゃんが土間玄関でよく野菜を洗っていた……などなど、家族とともに過ごした昔の家の懐かしい記憶が、自分にとって「住みごこちのいい家」につながるケースも意外と多いのです。

昔懐かしい縁側のような長いウッドデッキは、内でも外でもないアウトドアリビングとして、やわらかな緩衝帯を作る。帽子のつばのような深い軒が雨や直射日光を遮り、半屋外のような感覚で家族を包み込む

リビングとひとつながりになった大きなウッドデッキ。夏は縁側に座って、スイカの種を思い切り飛ばしたい。広い庭のある暮らしは一戸建てならではの醍醐味

外と中が曖昧につながった土間リビングのある家。土足のまま自転車を手入れしたり、犬を洗ったり、多用途に使える

格子状のウッドフェンスを設けたことで、外からの目線を遮りながら、子どもプールやBBQを存分に楽しむことができる

# コンパクトに建てておおらかに暮らす

## ちょうどいい家の大きさとは？

家の大きさは、どのくらいがちょうどいいと思いますか？　私がいつも取材でお邪魔する住宅のほとんどが、延床面積30〜35坪前後です（ちなみに我が家は27坪です）。

多くの人が、子どもの誕生や両親との同居を契機とするように、新築はその家族が最大の人数となる時期に計画されることが多いです。だから、大きな家を建てたくなるのは無理もありません。でも、それから家族はだんだん減っていきます。子どもは独立して巣立ち、親は亡くなり、やがてご夫婦もどちらかが先にいなくなります。

すると、せっかく大きな家を建てても、ほとんど使われることのない空き部屋が生まれます。家も人と同じように、長時間使われていない機能や場所があると血液の循環が悪くなり、全体の稼働率が低くなると、そこからバランスを崩し、劣化につながります。そして、性能が悪い家や大きすぎる家は、次世代が引き継ぎたいという気持ちになれず、それが現在の深刻な空き家問題の原因のひとつになっているとも言われています。

そう考えると、住宅は4〜5人で暮らしても狭く感じない、一人になっても寂しくない、そんな大きさがちょうどいいのではないでしょうか。具体的な数値で表すと、延床面積で100平方メートル（約30坪）前後がひとつの目安になるように思います。

## 家はコンパクトに、暮らしはおおらかに

たとえば、ご夫婦と子ども2人の家族の場合でも、家族全員が揃う時間は意外と少ないものです。一日のうち、子どもは学校や塾、親は仕事に行っている時間がほとんど。一人でも寂しくなく、誰かが家にいて家事や宿題をしている状況でも、家中の気配が伝わり、全体に目が行き届きやすい大きさが理想でしょう。家族全員がひとつ屋根の下で一緒に暮らす期間がそう長くはないことや、維持・管理がしやすいこと、最後は一人になるという将来像をイメージし、理解した上で家の大きさを考えることが重要です。

家をコンパクトにつくると、さまざまなメリットが生まれます。当然ですが、イニシャルコスト（初期費用）もランニングコスト（光熱費やメンテナンス費用）も抑えられます。また、敷地面積いっぱいに建物をつくらないことで、隣家や景観に対しての圧迫感が和らぎ、周囲に日照や通風を与えることができます。さらに、境界と建物の間に余裕があると、木や植物を植えられるようになり、軒《のき》や庇《ひさし》もしっかり出せるようになります。

**大切なのは、数字上の広さではなく、広く感じられるかどうかです。**後述しますが、実際の面積が小さくても、設計力で開放的な空間を作ることができます。「家はコンパクトに、暮らしはおおらかに」。これが令和の家づくりのキーワードになるかもしれません。

# 設計力と現場力のバランスが大事

## 「小さい」と「狭い」はイコールではない

コンパクトな家にはさまざまなメリットがありますが、さらにその魅力を引き出すにはプランニングが重要です。同じ30坪の家でも、プランニングの良し悪しで、その家の広さや豊かさの体感が変わってきます。「小さい家」イコール「狭い家」ではないのです。

では、コンパクトでも建築的に優れ、暮らしやすい家とは、どのようなものなのでしょうか？　私がこれまで取材してきた建築家や一級建築士の意見を整理すると、プランが単調ではなく、抑揚があること。音楽も音量やリズムに緩急があるように、家のプランにも広いところと狭いところ、明るいところと暗いところ、高いところと低いところといった抑揚をつけることが重要です。特に高低差を利用することが大切で、たとえば玄関の天井を低めに抑えて、リビングが高めになっていると、入ったときに目の錯覚で広がりと奥行きを感じます。

次に、動線計画が優れているかどうか。家事の動線、子どもの動線、お客さまを招き入れる動線、病気のときの動線など、人のあらゆる心身の状態に呼応する動線が上手に織り込まれ、さらに、一方通行ではなく、キッチンを中心にぐるぐると回れる動線があるとプランに躍動感と効率のよさが生まれます。

三番目に大事なことが、境界を区切らないこと。玄関の場合、「ここからが建物の内部です」とはっきり境界線を作らず、あえて曖昧にします。ポーチから玄関ホールまで、床に同じ材質、同じ色のタイルを貼ったり、天井に同じ無垢材を使ったりして連続性を持たせるのです。また、リビングやトイレや子ども部屋などの扉に、床から天井まで届くフルハイドアを採用することで、空間をより広く見せることもできます。

最後に重要なのは、家族が集まる場所以外に、それぞれの居場所を確保することです。苦労して建てたマイホームなのに、誰にも邪魔されずリラックスできる空間がないなんて哀しすぎます。書斎やガレージ、シアタールームなど、自分だけの部屋があれば、世のご主人も夜のネオン街の誘惑に負けることなく、愛する奥さまと子どもたちが待つ我が家にいち早く帰りたくなるでしょう。

## 家の完成度の高さは、大工さんと現場監督で決まる

しかし、どんなに暮らしやすく設計された家でも、図面通りに施工されなければ、それは絵に描いた餅。家づくりの成功を左右するのは、実際に家を建てる大工さんの腕、そして現場の総責任者である現場監督の裁量です。現場がONE TEAMとなって、「この家族のために最高の家をつくろう！」という気持ちで臨まないと、いい家はつくれません。設計力と現場力のバランスが絶妙にとれてこそ、その家族にとって本当に満足できる家が完成すると、私の経験をもって断言します。

# 老後の暮らしまでイメージしてプランを考える

## 今も30年後も暮らしやすい「平屋」

新築するご夫婦の平均年齢は、20代後半から30代前半のいわゆる子育て世代です。完成した住まいを訪ねると、子どもがどこにいても見える位置にキッチンを配置したり、赤ちゃんを昼寝させるための畳コーナーがあったり、壁にボルダリングを設置したり、太い梁《はり》にブランコやハンモックを吊るしたりと、子育て中心に考えられた間取りが多いですね。

しかし、ここ数年、新しいムーブメントが起こっています。若い世代でも老後の暮らしを見据えて、移動距離の短い「平屋」を建てるご夫婦が増えてきたのです。全室段差のないバリアフリーをはじめ、車椅子対応の広いトイレ、スロープ付きのポーチ、玄関ホールや廊下に手すりを付けるなど、老後も楽に暮らせるよう、最初からつくり込まれています。

平屋は広い土地がないと建てられないと思われがちですが、土地面積55坪で建てた家族もいます。最初から諦めずに、設計士に相談してみましょう。

2階建ての家でも、なるべく1階で生活を完結したいと、寝室や納戸を1階に集約させ、2階は小さな子ども部屋しかないという家も少なくありません。先ほども述べましたが、子どもと一緒に家で過ごせる期間は意外と短いものです。5年後は子どもが中学生になり、10年後は大学進学で家を離れていく。20年後は親の介護が始まるかもしれません。そして30年後は……。先々の暮らしまでイメージして、いつまでも笑顔で快適に暮らせるよう、暮らしの変化に対応できる柔軟さ、余白を家に持たせておきましょう。

## ●住宅ライターのおせっかい

家は家族にとって大切な資産となります。家づくりが成功するか否かによって、その後の家族の命運も左右されかねません。何十年も暮らす我が家です。長い人生の1年ぐらいはじっくりと腰を据えて家づくりの基本を学び、たくさんの家を見て、判断力を養ってくださいね。

Chapter

# 2

# 大切な「お金」のこと

家を建てるには
かなりのお金が必要となります。
でも、人生は家を建てることだけが
すべてではありません。
教育費、医療費、老後の生活など
これから何かとお金が必要になります。
自分たちには厳しいと感じたら
建てないという選択肢もあります。
無理して多額の住宅ローンを組み
平穏な暮らしが圧迫されないよう
「資金計画」をしっかり立てましょう。
間取りやデザインを考えるのは
その後からです。

# 家づくり成功の第一歩は堅実な「資金計画」から

お金の話は誰でもイヤなものですが、そこをクリアにしておけば、安心して楽しく家づくりを進められます。キャッシュで何千万円も払える人は別として、ほとんどの人が長期の住宅ローンを組むことになるので、毎月無理なく返済できる資金計画を立てることが幸せな暮らしにつながります。なんて、偉そうに書いていますが、私は銀行員ほど詳しくないし、住宅ローンのみを扱った本が何冊も出ているくらい、資金計画は複雑で難しいテーマです。なので、この章では、私が今までファイナンシャル・プランナーから聞いた話や、実際に私が新築したときの経験から得た、知っておいてほしい基礎知識をお伝えします。

## ライフサイクルコストで考える

多額のお金が必要となる家づくりは、自己資金の割合と現在の年収で、どれだけのお金を借り入れることができるかが最大のテーマになります。自己資金が多ければ多いほど、それだけローンを背負わなくていいし、無駄な金利を払わなくて済みます（住宅ローンは金利の塊です）。親からの資金援助があると、大きなアドバンテージになりますね。

できることなら、自己資金は購入価格の20％以上を用意したいものです。ときどき、「自己資金0円からOK！」という広告も見かけますが、自己資金が少ないとそれだけローンの借入れ額が増え、月々の返済負担が重くのしかかってきます。

私たちの暮らしには、毎月の食費や生活費、子どもの教育費、交際費、そして老後の貯蓄など、さまざまな費用が発生します。ですから、家づくりの費用は、土地や建物だけでなく、諸費用と今後のローンの利息も含めた総支払い額と将来の光熱費や医療費、メンテナンスなどの維持費まで考慮した「ライフサイクルコスト」で考えなければいけません。

信頼できる住宅会社は、損をしない住宅ローンの組み方から生命保険、教育費、老後費用、贈与、税金まで含めたライフプランをわかりやすく提案してくれるはずです。

## 借りてもいい額とは？

住宅ローンを組む際に注意したいのは、「いくら借りられるか」ではなく、「いくらまでなら返せるか」という視点で考えること。金融機関では、一般的に年間返済額が年収の約3割までなら借りることができますが、それがイコール「返せる額」とは限りません。無理な借入れをしたばかりに、家族旅行にも行けない、外食もできない、子どもの塾やお稽古事もやめさせなければならないとなっては本末転倒。借入れ額と返済額のバランスをとることが資金計画の基本です。銀行に行って、「今の年収で、どれだけの借入れなら無理なく返せますか？」と相談してみましょう。

ちなみに、私は数字にめっぽう弱いので、工務店の担当者に銀行へ同行してもらい、審査を受けました。当時はまだ個人事務所だったので、審査が通らなかったらどうしようと不安でしたが、案外スムーズにパスして拍子抜けした記憶があります。

## 諸費用も忘れずに！

家づくりにかかる費用は、土地代と本体工事費だけではありません。本体工事費とは、家を建てるときに必要な費用のうちの70〜80％を占め、仮設工事や基礎工事、断熱工事、屋根・内装工事などを指します。また、総額の15〜20％は「別途工事費」と言われ、地盤工事や解体工事、外溝・植栽工事、ガス・水道工事、電話工事などの周辺工事を指します。地盤調査の費用は5万円前後が目安ですが、その結果によっては補強工事が必要となり、木造住宅で50万〜100万円前後かかる場合もあるので要注意です。

残りの5〜10％が「諸経費」で、契約時の印紙代、住宅ローン手数料、引っ越し費用、地鎮祭や上棟式の費用、土地や建物の登記費用、火災保険料などがあります。たとえば、本体工事費2000万円の家を建てる場合、別途工事費は570万円前後、諸経費は280万円前後、総額で2850万円ほどになります（土地代別）。広告に書かれた「本体工事費」だけで判断しないよう、資金計画は諸費用を含んだ「総額」で考えてください。

## 将来のメンテナンスに備えて積み立てを

建てた後に考えてほしいのが、メンテナンス費用です。家はずっと新築のままではありません。必ず劣化していきます。私たちが定期的に健康診断や人間ドックを受けて病気の予防をするのと同じように、家も傷みがひどくなる前に、早めに補修すれば長持ちします。

そこで、私がお勧めしたいのが月々1万円の積み立て。1年で12万円。補修はおおむね10年に1度必要なので、12万×10年で120万円になります。それだけあれば、外壁と屋根を塗り直せます。住宅ローンを払いながら、なおかつ一度に120万円も用意するのは大変ですよね。分譲マンションのように強制的ではないので、つい忘れがちですが、住み始めると同時に少しでもいいので、コツコツと積み立てておくと後が楽です。

# 家を購入すること＝住宅ローンを購入すること

## 住宅ローンの仕組みとは？

家を建てると、高金利な住宅ローンを返済するために、人は一生懸命働きます。となると、人生でいちばん高い買い物は家ではなく、住宅ローンということになります。

住宅ローンの金利には、「固定金利型」「変動金利型」「固定金利期間選択型」の3種類があります。面倒だからといって何の知識も持たず、銀行や住宅会社から勧められた商品で契約すると大損する可能性も。まずは、住宅ローンの仕組みを知りましょう。

固定金利型は、借入れ時の金利が全期間にわたって適用されるため、金利が低いときに選ぶと負担も少なくて済みます。変動金利型は、半年に1度、景気に合わせて金利の見直しが行われ、その都度金利が変わります。変動型といっても、最初の5年間は支払う金額が変わりません。その間に金利が上がった場合は、後々の返済額に増えた分の利息が加算されます。反対に、金利が下がると元金が減り、後々の返済が楽になるという仕組みです。

一方、固定金利期間選択型は、借りる人が当初の固定期間を自分で決められる住宅ローン。たとえば、最初の3年間を固定金利にしておいて、4年目以降は変動金利に移行したり、固定金利が終了した段階でもう一度固定期間を設定するなど、借りる人の意向を反映しやすいのが特徴です。

固定金利型より変動金利型の方が借入れ時の金利が低いので、銀行に勧められるがままに変動金利型を選ぶ人も多いようですが、変動金利型には将来金利が上昇するかもしれないというリスクが伴います。

現在のような超低金利時代は、「長期で固定化するのが原則」というのが一般論です。長期固定といえば、「フラット35」という商品があります。最長35年間ずっと利率が変わらず、しかも保証料不要。繰り上げ返済や返済条件の変更を行う際も手数料は不要です。変動金利型や固定金利期間選択型は、少しでも有利に借りたい人に向いています。どのタイプもリスクはつきものなので、思わぬ落とし穴にはまらないよう、勉強会やセミナーに参加して、家づくりと同じようにマネーの知識を増やすことが肝心です。

## 固定金利型と変動金利型、どっちを選ぶべき？

では、固定金利型と変動金利型のどちらが得なのでしょう？　金利は一般的に景気が上昇すると上がり、後退すると下がります。また、国の信用度が下がることで国債などの金利が上がれば、景気が後退しても金利が上がる場合もあります。ですから、変動金利型は、当面は返済に余裕があり、今の金利を活かして早い段階で繰り上げ返済を進めていこうと考えている人に適していると言えるでしょう。

これに対して、固定金利型はとにかく毎月の返済額を確定させたいという方に適しています。私は当初は固定金利型でしたが、低金利が長く続いていたので、住宅ローンに精通した知人に勧められて途中から変動金利型に変えました。銀行から提案されることはまずありませんから、自分で判断することになります。

## 返済期間は長すぎず、短すぎず

住宅ローンを組むとき、多くの人が陥りやすいのが、最初の金利の低さだけに目を奪われて、支払い総額を見逃すこと。**住宅ローンの選び方次第で、同じ金額の家を購入しても、返済総額に数百万円もの差が出てしまうこともあります。**金利がほんの1%上がっただけでも、支払いの総額が大きく変わってきます。金利の数字に一喜一憂することなく、支払い総額がいくらになるのかを冷静に算出することが大切です。また、金利だけでなく、諸費用も加えたトータルコストで比較することもお忘れなく。保証料や取り扱い手数料、繰り上げ返済の手数料など、これらのコストもばかになりません。

なお、低金利を狙ってローンを組んでも、返済期間がむやみに長ければ、利息の消化に追われて元金がなかなか減りません。かといって、無理な返済計画を強行すれば、家族を路頭に迷わせることにもなりかねないので、しっかりとした資金計画を立てましょう。

## 交渉次第で金利も引き下げ可能！

私もそうでしたが、住宅ローン利用者の約半数は、よく理解しないまま、借入れ先や商品を決めています。住宅ローンにはさまざまな商品があり、金利や手数料などの条件も違います。同じ商品でも、取り扱う金融機関によって金利が違うものもあるので、自分たちのライフプランに合った借入れ先や商品を慎重に選んでください。

住宅ローンの金利を抑えるには、①金利の低い時期（今です！）に、②金利の低い金融機関から借りることが大切。ただし、各金融機関のパンフレットやホームページに載っている金利は、あくまでも標準値です。勤め先が優良企業の場合、金利を引き下げてくれる場合もあります。提示されている金利を鵜呑みにせず、複数の金融機関を比較、検討した上で引き下げの交渉をしてみましょう。実際、同じ勤め先、同じ年齢の人が同じ金融機関を利用した場合でも、交渉したか、しなかったかで金利が違ったという話は枚挙にいとまがありません。

## 団信保険への加入は必須条件

新築を機に、生命保険も必ず見直しましょう。適正な生命保険料は、年収の5％と言われます。住宅ローンを組む場合、万が一ローンの契約者が死亡したり高度障害状態に陥っても、遺族がそのローンを負担しないで済むように、団体信用生命保険（団信）という生命保険に加入するのが一般的です。保障内容が重複することのないよう、今まで加入していた生命保険を見直してください。

## 疾病保障特約は不要？

最近は、生命保険だけでなく、三大疾病（がん、急性心筋梗塞、脳卒中）、さらに九大疾病に備える保障特約（借入れ金利に数％が上乗せされます）といったオプションも用意されています。これは、金利競争で差別化を図れなくなった金融機関が、疾病団信という付加価値によって顧客を獲得する、いわば戦略です。健康に不安がある方は、こうした特約を付けるのもありかもしれません。

しかし、注意してほしいのは、症状によっては対象外となる場合があること。たとえば、がんの場合、上皮内がんや皮膚がん（悪性黒色腫以外）は保険対象にならないので、ローン返済は0円になりません。しかも、一般的にローンを返済する期間は30代前半から60代までなので、本当にそこまでの疾病団信が必要かどうか、家族でよく話し合ってから決めてください。私は最初の数か月だけ付けましたが、すぐに解約しました。

## 火災保険への加入も義務付けられる

住宅を購入する際には、火災保険にも加入しなければなりません。保険の対象は、建物と家財ですが、火災、水災、盗難など、大切な住まいや家財を取り巻くさまざまなリスクも補償されます。保険料は、建物の構造や保険期間によって変わってきます。不必要な特約を外せば、数十万円も節約できる場合もあるので、加入の際に説明をよく聞いておきましょう。また、火災以外の原因でも建物の損傷を補償する特約が付いている場合もあります。知らずに請求しないで損をすることのないよう、内容をよく確認しましょう。

なお、地震によって火災が発生した場合には、地震保険に加入していなければ保険金は支払われません。地震保険は住宅ローンを組む際の義務ではありませんが、予算に余裕があれば入っておいた方が安心だと思います。住宅ローンも各種保険も、これからの家族の暮らしに長く関わってきます。無理なく、無駄なく、賢く選びたいものです。

# 家族のライフプランをチェックしよう

## 人生の「三大資金」をイメージする

住宅ローンを検討する際、ローンの内容を決める以外に、もうひとつ重要なポイントがあります。それは、ライフプランを考えて資金計画を立てること。**家族みんなが幸せな人生を送るためには、①住宅資金、②教育資金、③老後資金の三大資金が必要不可欠です。**そこで、誰でも簡単に将来の三大資金計画をイメージできる方法をご紹介しましょう。

メモ書きでいいので、44ページのような表を作ってみてください。そうすると10年後、20年後、30年後の家族の年齢が把握でき、いつ頃、どんな資金が必要になるのか想像しやすくなります。たとえば、これから何年後に子どもの手が離れて、奥さまがパートに出られるか、パートに出てから何年働けば、どれぐらいの教育資金が貯まるのか、いちばん多額のお金が必要な子どもの大学時代、ご主人の年収はどのぐらいか、といったおおよその見通しがつきます。年齢ごとのライフプランが何となくイメージできれば、海外旅行や新車購入などにお金を使ってもいい時期、節約しなければいけない時期も見えてきますよね。

もっと詳しく知りたい人は、専門のファイナンシャル・プランナーに相談してみましょう。素人にはわかりにくい繰り上げ返済のことや税金、保険の見直しなどを詳しく見た上で、あなたが何年間でどのように返していくべきか、的確にアドバイスしてもらえます。

## ●住宅ライターのおせっかい

イオン銀行、ソニー銀行、楽天銀行など、ネット上で残高照会や振込みを行えるネット銀行の利用者も年々増えています。店舗を持たず、人件費が浮くので、その分、金利や手数料引き下げなどの付加価値が期待できます。繰り上げ返済の手数料はかからず、変動金利型から固定金利型へ、固定金利型から変動金利型へと自由に借り換えが可能です。コンビニのATMからでも手数料無料で利用できますし、セキュリティ上の不安も解消されてきたので、利用を検討してもいいと思いますよ。

## ライフプラン表

| | 現在 | 10年後 | 20年後 | 退職時 | 30年後 |
|---|---|---|---|---|---|
| ご主人 | 35歳 | 45歳 | 55歳 | 60歳 | 65歳 |
| 奥さま | 30歳 | 40歳 | 50歳 | 55歳 | 60歳 |
| 長男 | 3歳 | 13歳 | 23歳 | 28歳 | 33歳 |
| 次男 | 1歳 | 11歳 | 21歳 | 26歳 | 31歳 |

子どもたちが大学に行き、教育費用がかかるとき、自分たちは何歳なのか？ 住宅ローンが終わるとき子どもたちは何歳？定年を迎えるとき子どもたちは何歳？

自分たちの年齢と子どもたちそれぞれの年齢を比較して、「いつぐらいにいくらかかるのか」を把握しておくことが、ゆとりある暮らしにつながる。

# 住宅ローンの金利はこの3タイプ

## 固定金利型　借入れ時に適用される金利が返済終了までずっと変わらないタイプ

［メリット］
返済中に金利が上昇しても返済額は増えない。完済までの金利が決まっているので、返済計画を立てやすい。

［デメリット］
借入れ後に金利が低下しても、返済額は減少しない。

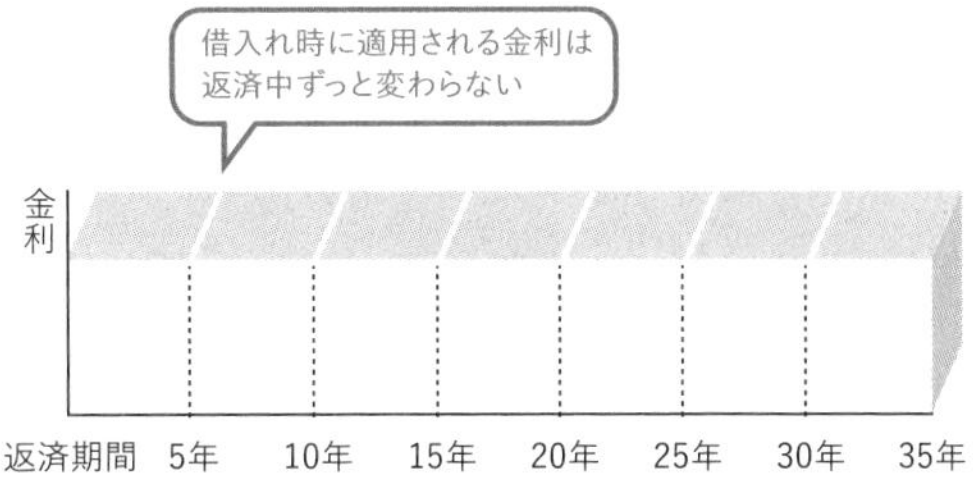
借入れ時に適用される金利は
返済中ずっと変わらない
金利
返済期間 5年 10年 15年 20年 25年 30年 35年

## 変動金利型　金融情勢の変化に伴い、返済の途中でも金利が変わるタイプ

［メリット］
借入れ後に金利が低下すると返済額も減少する。最初の5年間の返済額は変わらず、6年目の新返済額も旧返済額の1.25倍が上限。

［デメリット］
借入れ後に金利が上昇すると返済額も増加する。返済計画に安定性がない。
金利が急上昇した場合、未払い利息が残る場合がある。

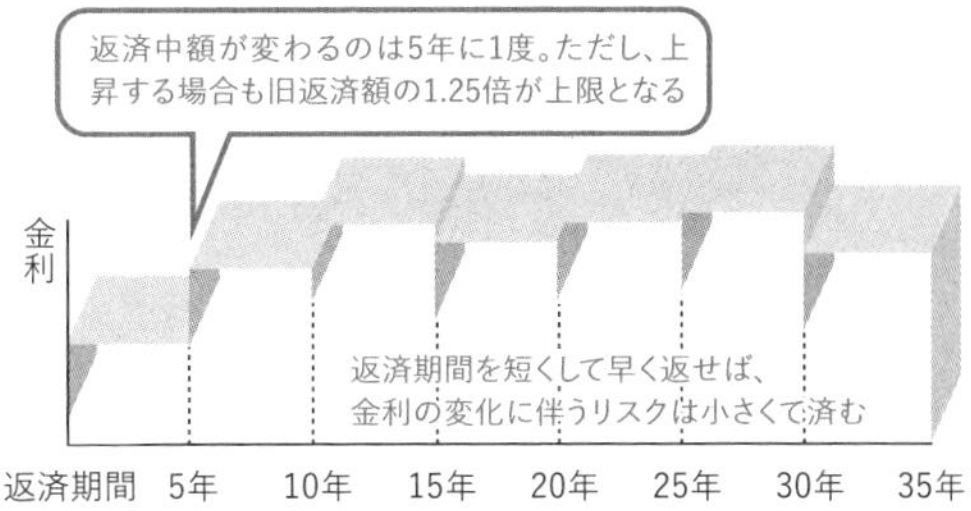
返済中額が変わるのは5年に1度。ただし、上昇する場合も旧返済額の1.25倍が上限となる
金利
返済期間を短くして早く返せば、
金利の変化に伴うリスクは小さくて済む
返済期間 5年 10年 15年 20年 25年 30年 35年

## 固定金利期間選択型　「当初○年間○%」など、一定期間に固定金利が適用されるタイプ

［メリット］
固定金利期間中は返済額が変わらない。
期間終了後、金利が下がっていると返済額が減少する。

［デメリット］
期間終了後、金利が上がると返済額が増える（上限がない）。
借入れ時に期間終了後の返済額が確定しないので、返済計画を立てにくい。

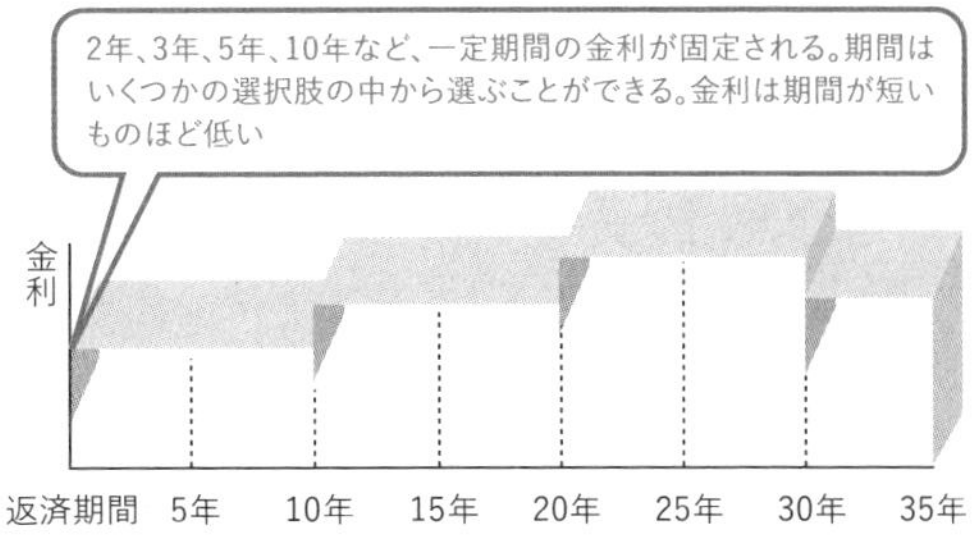
2年、3年、5年、10年など、一定期間の金利が固定される。期間はいくつかの選択肢の中から選ぶことができる。金利は期間が短いものほど低い
金利
返済期間 5年 10年 15年 20年 25年 30年 35年

■参考資料：「iebon（いえぼん）」

# Chapter 3

# どこに頼みますか?

あなたはどこに家づくりを頼みますか？
ハウスメーカー、工務店、建築家
それとも知り合いの大工さんでしょうか？
今や、どの住宅会社に頼んでも
「ある程度の家」は建てられます。
みなさん家づくりの専門家ですし
技術も設備も日々進化していますから。
問題は、30年後も快適に住めるかどうか。
何かあったらすぐに来てくれるかどうか。
そして何より、その会社、担当者と
一生良好な人間関係を続けられるかどうか。
家族の幸せな暮らしを叶えるために
家づくりの伴走者を慎重に見極めましょう。

# ベストパートナーを選ぶために知っておきたいこと

「さあ、家を建てよう」と思い立ったら、あなたはどこにお願いしますか？　ハウスメーカー、工務店、建築家、大工さんなど、選択肢はいろいろあります。人それぞれこだわりが違うため、一概にどこがいいとは言えません。それぞれのメリットとデメリットを把握し、自分たちの価値観や考え方、ライフスタイルに合う住宅会社を選んでください。

## ①ハウスメーカー

商品のラインアップが豊富で、デザインが洗練され、保証体制も充実。材料の仕入れから設計、施工、アフターサービスまでシステム化されています。最大のメリットは、大手であることの安心感でしょう。実際、「ハウスメーカーで建てるのなら、資金援助してあげよう」という親御さんが多いのも事実です。

工場生産ですべてマニュアル化されているので、建材の品質が安定し、工期も短いのですが、規格外の要望に対応できない場合が多く、こだわりの強い設計を求める人の希望には沿えないことも。対応できるとしてもコストが割高になります。

また、豪華なモデルハウスやＣＭなど、広告宣伝費と人件費がかかっているので、工事費も工務店に比べると高め。施工するのは下請けの工務店なので、その技術力によって仕上がりにムラが出る場合もあります。担当者の異動、退職も多いので、引き継ぎ時の対応に注意が必要です。

## ②工務店

地元に根ざした住宅会社なので、その地域の気候や風土に合った家を建ててくれます。小回りが利くので、施工が始まってからの変更やアフターメンテナンスなど、きめ細かいサービスを提供してもらえます。作り手と住まい手が一緒に建てている感覚が強いのも工務店です。また、社長と直接打ち合わせできるので、いわゆる「伝言ゲーム」がなく、時間のロスを防ぐことができます。

大きな展示場を持たないため、維持費と人件費がかからない分、ハウスメーカーよりは価格を抑えられます。勉強会やオープンハウス（完成見学会）、構造見学会を開催する会社も多く、自分たちの理想の暮らしをイメージしやすいのも魅力です。

家族や少人数で経営しているので、「家守り」としての意識が強く、何か不具合があればすぐに駆けつけてくれる、かかりつけのお医者さんのように頼りになる存在でもあります。以前はデザイン性に難がある工務店もありましたが、近年はデザインと性能に優れた会社も増えてきました。私も工務店で新築しましたが、６年経った今も満足度はかなり高いです。

## ③建築家

ありきたりの家では満足できない、こだわりの強い方にオススメです。建て主さんが自分好みのデザインをする建築家を自分で選べるのがメリット。私が取材してきた中でも、建築家の建てる家は、設計のレベルが違います。なぜなら、建築家は住宅を設計する専門家であり、物理学、化学、人間工学、情操教育、心理学、家相、風水に至るまで、家づくりに必要とされるあらゆる分野の知識を備えているからです。

建築家がつくった家を訪ねると、周辺環境とのバランス、外観のプロポーション、光と風の取り入れ方、家族の距離感、収納や照明計画など、実に細かい部分まで緻密に計算し尽くされているのがわかります。狭小地《きょうしょうち》や変形地など、立地条件が厳しければ厳しいほど「よし、やってやろうじゃないか」とファイトを燃やしてくれるのも建築家です。

建築家の仕事は、図面を描くことだけではありません。現場に足を運び、工事が設計通りに進んでいるか確認するなどの、施工の管理も大事な仕事です。建築家に頼むとお金がかかるというイメージがありますが、実はそうでもないのです。設計管理料は事務所によって異なりますが、工事費用の10~15%が目安。たとえば、工事費用が3000万円だとしたら、建築家に支払う金額は300万円。これが工事費用とは別にかかるので、高いと感じるのですね。

でも、ハウスメーカーや工務店も、必ず誰かが図面を描いていますから、そのコストは当然上乗せされているはず。施工を担当する工務店から上がってきた見積書が予算をオーバーした場合、満足度を下げずに予算を削減できる裏ワザを知っているのも建築家なのです。デメリットとしては、こだわりが強い分、完成までに時間がかかることです。

## ④設計工務店

私が今最も注目しているのが、②と③のいいとこ取りをした設計工務店です。地域密着の工務店と全国の建築家がコラボして建てます。中には、単なる業務提携ではなく、社員として建築家をヘッドハンティングしている工務店もあります。設計のプロと施工のプロが最強タッグを組むので、デザインと住みごこちのバランスがとれた住まいが実現します。

社長が棟梁兼任の場合、予算をコントロールしやすく、無理のない価格で建築家住宅を建てられる確率が高いと言えます。建築家が女性ならより心強いですね。主婦視点、母親視点からも提案することができるので、何年か暮らしてみて、「こういうことだったのか」「こんなことまで考えてくれていたのね」と気づくような配慮が仕込まれていたりします。建築家に直接依頼するよりもリーズナブルで、工期も少し短縮できるかもしれません。

いずれにしても、依頼先のいちばんの決め手になるのは「人柄」と「相性」です。設計の早い段階で、担当者とお互いに本音で言いたいことが言い合える親密な関係性ができると、もうあなたの家づくりは半分成功したようなものです。

# よい住宅会社を見極めるポイント

毎年着工棟数を伸ばしている勢いのある会社、目の届く範囲で丁寧に仕事をしたいと、あえて年間受注棟数を制限している会社など、それぞれの住宅会社によって経営スタンスが違います。それでも、OB建て主さんからの紹介が多い、ウェブサイトのクチコミで評判のいい会社には、共通していることがあります。いったい、どんなことを基準に住宅会社を選べばいいのでしょうか?

## ①対応が早いか?

取材で私が建て主さんに必ず聞く質問があります。それは「どうして、この住宅会社を選んだのですか?」です。いちばん多い回答は「担当者の人柄に惹かれて」ですが、意外とよく聞くのが「対応の早さ」です。

数社同時に資料請求して、真っ先に郵送してくれる、あるいは直接届けてくれる会社は意欲と誠意が感じられて好感が持てるそうです。確かに、なかなか返信してくれないと、今後もこのような対応が続くのかなぁと不安になりますよね。打ち合わせが始まってからも、建て主さんからの質問に対してすぐ返答してくれたり、調べてくれたり、気の利いた提案をしてくれる、そんな打てば響く担当者がいる会社は信用できます。

私が新築を依頼した工務店の社長は、年間150棟を建てる大きな会社のトップですが、多忙な身であるはずなのに、今でもメールすると必ずその日のうちに返信してくれます。建てた後も、我が家のことを気にかけてくれているんだなと信頼できます。

## ②どんな住宅を得意としているか？

「ウチは自由設計だから、どんな家でも建てられますよ」。注文住宅を建てる住宅会社ならどこでもそう答えるでしょう。実際、できないことはないと思います。住宅建築のプロですから。でも、得意・不得意の分野は必ずあるはず。純和風の家を中心に建てている工務店にラグジュアリーなデザイン住宅をお願いするのも酷な話です。木の家づくりをメインとしている工務店に、コンクリート造の家を依頼するのも荷が重すぎるでしょう。

住宅雑誌やホームページに掲載されている施工例を見れば、その会社がどんな住宅を得意としているのか、だいたいわかると思います。その会社の本領を十二分に発揮してもらうためにも、自分たちが建てたい家のイメージに近い住宅会社、建築家を選びましょう。

## ③後継者がいるか？

後継者の悩みはどの業界も同じですが、住宅業界の経営者、大工、職人不足は特に深刻です。今や、どんな大手や老舗の住宅会社でも、倒産や廃業に追い込まれる可能性がないとは言えないので、後継者がいるかどうかは確認しておいた方がいいと思います。建てた後のメンテナンスも、施工に携わった住宅会社に頼んだ方が安心ですから。

## ④家づくりが好きな人たちが集まっているか？

社長、営業、設計、現場監督の誰もが、家づくりが好きでたまらない人たちかどうか？　これは大きなポイントです。本当に家づくりが好きな人は、「自分だったらこうします」「これはやめた方がいいですよ」というように、自分の家を建てる気持ちで真剣に取り組んでくれるので、モチベーションが高く、毎回の打ち合わせも楽しくなります。

以前、たまたま引き渡し当日に取材が重なったとき、こんなシーンがありました。工務店の社長が建て主さんに鍵を渡しながら、「本当は、まだ渡したくないんだけどね」と泣き笑いの表情で言ったのです。聞くと、引き渡しするたびに、自分の娘を嫁に出すような寂しい心境になるそうです。家は、建て主さんと時間をかけて対話を重ね、図面が決まり、地鎮祭に立ち会い、現場の工事が始まり、上棟式を経て完成します。最初の出会いから1年以上かけてつくり上げた家は、作品というより、手塩にかけて大事に育てた我が子のように愛おしいのでしょう。こんな工務店と出会えた建て主さんは、きっと家を大切にするし、長く住み継いでいくに違いありません。

スタッフだけでなく、現場の大工さんや職人さんにも同じことが言えます。つくるのが大好きな大工さんだと、「ここは、こうした方がもっとよくなるよ」と提案してくれます。

書きながらふと思い出しましたが、我が家の洗面脱衣室を施工してくれた職人さんは、朝から晩まで一心不乱に小さなモザイクタイルを一枚一枚丁寧に貼ってくれましたっけ。その出来上がりの美しさは、6年経った現在もまったく色褪せていません。

## ⑤いつも現場が整理整頓されているか？

いつ見に行っても現場がきれいに整理整頓されていたら、その住宅会社は信用できます。大工さん、職人さんがハキハキと挨拶してくれる、作業後の掃除も行き届いていると、しっかり教育されているなぁと安心できます。ある工務店の現場で、女性社長自ら仮設トイレを掃除して、トイレットペーパーを三角形に折っていたのを目撃したこともあります。そこまでしてほしいとは言いませんが、挨拶する、現場を掃除する、道具を丁寧に扱うことは、「いい仕事」をするための基本条件ですね。

# こんな住宅会社には要注意！

## ①議事録を書いてくれない

建て主さんと住宅会社の間で最も多いトラブルが、「言った」「言わない」の水掛け論です。ひどい場合は裁判沙汰にまで発展することも。そんな事故を防ぐために、住宅会社は、毎回の打ち合わせが終わるたびに「議事録」を書いて、建て主さんに署名をもらい、情報を共有するのが理想です。建てる側にとってもリスクヘッジになりますからね。建て主さんから申し出ないと議事録を書いてくれない、面倒くさがる住宅会社はお勧めできません。

## ②大幅な値引きを簡単にする

「今日契約していただけたら、200万円値引きしますよ」とか「ちょうど今キャンペーン期間中なので、太陽光発電をサービスしちゃいます」などと、あの手この手を使って、口説き落とそうとする会社も要注意です。そんな会社は家を、売るための「商品」としか思っていません。汗水流して、建て主さんのためにまっとうな家づくりをしている会社なら、簡単に値引きできるはずがないし、太陽光発電も蓄電池もサービスしません。最初から法外な利益を上乗せしてあるから、簡単に値引きができるんですね。そんな会社で家を建てるとどうなると思いますか？　引き渡し後、営業担当者は二度と来ないでしょう。そして、数年後にはあちこち劣化してきて、メンテナンス費用がかさみます。「安物買いの銭失い」とは、まさにこのことです。

### ③見積もりが大雑把でわかりにくい

見積もりの書き方にも、会社の特徴がよく表れます。一個300円の金物から150万円のキッチンまで、一つひとつ明細を書いてくれる会社もあれば、「一式○○円」と書かれた項目が目立つどんぶり勘定の会社もあります。見積もりは丁寧にわかりやすく、が原則です。

### ④対応が遅すぎる

「引き渡し後からが本当のお付き合いの始まりです」という、お決まりのトークを完全に信用してはいけません。利益を追求する以上、どの会社も既存客より新規客を優先したくなるのは仕方のないこと。しかし、電話してから半年経っても来てくれないような会社だと困りますよね。高い買い物なのに、売りっぱなしはいけません。台風から一夜明けて、「大丈夫でしたか？」と連絡をくれるような心遣いのある住宅会社だと安心ですね。

# オープンハウス(完成見学会)に行ってみよう!

## 見て、触って、体感することが大事

住宅雑誌やホームページを見て、「こんな家がいいな」と気になる物件が見つかったら、その会社が主催するオープンハウスに行ってみましょう。オープンハウスとは、建て主さんのご厚意によって、入居前の家を特別に見学させてもらえるイベントです。

家は立体的なものなので、写真や動画では伝わらない空気感、香り、光の入り方、風の流れ、素材の手触り、天井の高さ、家事動線、視線の抜け感(これが大事!)などは、家の中に入ってみて初めてわかります。いろいろな家を見るうちに目が肥えてきて、これはいいけど、あれは自分たちには必要ない、といった判断基準も自然に養われてきます。

## チェックすべきポイントとは?

オープンハウスに行った際、チェックしてほしいポイントがあります。それは、外から見えにくい部分です。たとえば、全室の床は無垢材なのに、クローゼットを開けたら、ベニヤ板やビニールクロス仕

工務店主催の家づくり勉強会やセミナーに積極的に参加してみよう。資金計画、土地探し、構造、性能、素材、間取り、メンテナンスのことなど、基本的な知識が身につく

オープンハウスのほか、OB建て主さん宅の見学会は、実際に住んでいる家族からリアルな声を聞くことができるので大いに役立つ

上げになっていたり、掃除機やパンフレットを乱雑に突っ込んであると、「こんなところまでは見ないだろう」という、その会社の姿勢が見えてきます。

現場にいるスタッフにもさり気なく注目を。建て主さんとの信頼関係が築けていそうか、スタッフ同士の仲はよさそうか、家づくりが好きなスタッフが集まっているか。自社の強みだけでなく、ウィークポイントも正直に話してくれるか。アンケートに名前と住所を書かせようと、ぴったりくっついて離れないスタッフがいないか。

もし、現場に建て主さんがいたら、どんな要望を出して、それをどう解決したのか、苦労した点はどこだったのか、予算内に収めるためにどんな努力をしたのかなどを尋ねてみると、思いがけない貴重なヒントが得られるかもしれません。

# いかに自分たちのイメージを的確に伝えるか

## ヒアリングシートは正直に

住宅会社が決まったら、いよいよ打ち合わせのスタートです。ほとんどの会社がヒアリングシート（アンケート）を用意しているので、これに家族の基本情報を書きます。職業、年収から好きな色、好きな食べ物、よく行く店、休日の過ごし方などなど、言葉はキツいですが、個人情報を住宅会社にさらけ出す作業になります。「こんなことまで書かなくちゃいけないの？」と思わずに、すべてを出し尽くしてください。住宅会社や建築家は、少しでも多くの情報がある方がプランニングしやすいし、工事が始まってから「実はこうしたかったんです」と言われても困るからです。お互いの信頼関係を築いていくためにも、正直にありのままを書くことが大切です。では、具体的にどんな情報が設計のヒントになるのかを書きたいと思います。

## 起床・就寝時間

家族間で生活サイクルに時間差がある場合は、部屋の配置に工夫が必要です。たとえば二世帯住宅の場合、足音が響いて親の安眠を妨げないよう、2階の子ども部屋の真下に親世帯の寝室を置かないのがセオリーです。また、どちらかに夜勤があるご夫婦の場合は、起床・就寝の時間がズレるので、寝室を離した方がいい場合もあります。

朝も夜も家族揃って食事をするのか、朝はバラバラで夜だけ一緒なのか、食卓を囲む時間の長さはダイニングの設計にも影響してきます。みんなでゆっくり時間をかけて食事をする機会が多い家庭は、リビングよりもダイニングを広くして、大きめのダイニングテーブルで会話を楽しめるようにした方が、よりくつろげるかもしれません。

## 誰が料理をしますか？

ご夫婦どちらかしか料理をしないのか、どちらも料理するのかによって、キッチンスペースの広さが変わってきます。また、料理をする方の身長が高い場合は、ワークトップを高くしたり、小柄な方の場合は、手が届きやすいように食器棚の位置も工夫すべきです。そばやパン作りが趣味という人なら、作業台のスペースも確保したいものです。

## 片付け上手ですか？

掃除が苦手な方の場合、アイランドキッチンはやめた方がいいと思います。ぐるぐると回遊できて、家事効率がアップする半面、キッチンが丸見えになるので、常にきれいにしておかないと見た目が台無しになります。不意にお客さまが来ても食器や調理家電をサッと隠せるように、背面に引き戸付きの収納スペースがあるといいですね。

整理整頓が好きな人であれば、アイランドキッチンはもちろん、カフェのように「見せる収納」の演出も楽しむことができます。そうでなければ、人目につかない場所に大きな納戸を設けて、ざっくりと片付けるようにした方が楽に暮らせるはずです。

## 休日はどのように過ごしますか？

キャンプやサーフィン、釣りや自転車が趣味というアウトドア派には、室内に汚れた物を持ち込まなくても済むように、玄関ポーチや庭にストッカー（外部収納）があると便利です。また、「庭でBBQをするのが夢なんです」という方なら、目隠しのフェンスが付いたウッドデッキも欲しいですよね。

反対に、お花やお茶をたしなむインドア派は、本格的な和室を用意したいところ。ただ、茶室を作るためにはかなりの専門知識が必要なため、一から勉強して提案してくれるような、実直でフットワークの軽い担当者でないと対応できないので見極めが必要です。

## 趣味は何ですか？

車やバイクが好きなら、インナーガレージが欲しいですよね。シャッター付きのガレージは男の夢、ロマンです。玄関ホールに直結するようにしておくと、雨の日も濡れずに車から室内に入れて、買い物帰りの奥さまのストレスも軽減できます。

趣味といえば、私が長年取材してきた中でいちばん驚いたのが、2階の中心を吹抜けにして、その回りをご主人のNゲージ（鉄道模型）で囲んでいた家。子どもと一緒にジオラマの線路を真剣な眼差しで見つめるご主人は、とても幸せそうでした。書斎の棚には、レアな模型や古い鉄道雑誌がびっしり。しかも、ご主人がそんなに熱心な鉄道マニアだったことを、奥さまは新築するまでまったく知らなかったというオチまでつきました。

## 来客は多い方ですか？

お友達がよく遊びに来るなら、家族のプライバシーを守るために、寝室やバスルームなどの位置を考慮しましょう。リビング内にトイレがあると、音が気になって使いにくいので、ワンクッション空間を設けるなど、工夫したいですね。

お風呂の動線も同じです。お風呂上がりに来客の前を通らなくてはならない間取りだと、来客時に家族が入浴できません。

また、ゲストが泊まるための客間が欲しいと考えがちですが、両親や親戚が泊まりに来るのはせいぜい年に数回ですよね。それだけのために、独立した客間を作るのはもったいないと思います。それなら、リビングの一角を畳コーナーにして間仕切りしたり、小屋裏収納や趣味部屋を一時的に使ってもらう方が無駄がなく、合理的だと思います。

## お気に入りの家具を持っていますか？

取材先でときどき感じるのですが、どんなに素敵な家でも、安っぽいテーブルやソファが置いてあるとがっかりします。家具は、家の良し悪しを決める大事な要素です。もし、あなたがずっと大切に持っている家具があれば、それを軸にプランを考えてみるのもいいですね。その家具の色や風合い、手触りに合うのはどんな空間でしょうか。

私も新築したとき、妻に内緒で書斎用の「宮崎椅子」を買いました。安くはありませんでしたが、これは浪費ではなく投資だと自分に言い聞かせて、清水の舞台から飛び降りました。後日、店長がわざわざ領収証を届けに来てくださり、あっさりとバレましたが。

ご主人の夢を叶えたビルトインガレージ。休日は車やバイクをいじったり、サーフボードのメンテナンスをしたり、大人が少年に戻れる場所（撮影：Ohana）

熱やキズに強いセラミックトップのアイランドキッチン。大人が数人入っても窮屈に感じないよう、作業スペースにも余裕を持たせて

リビングと隣接した小上がりの畳コーナー。客間としてはもちろん、洗濯物をたたんだり、赤ちゃんをお昼寝させたり。「作っといてよかった」というママの声多数！

# 悔いを残さないために

## 家族全員の要望を伝えきること

住宅会社との打ち合わせは、建て主さんにもよりますが、毎月2〜3回程度行われます。共働きの家庭が多いでしょうから、限られた時間を有効に使うためにも、普段からご夫婦で家づくりについて話し合っておくといいと思います。

忙しいからといって、ご夫婦どちらかに丸投げしないでくださいね。以前、ある建て主さんの打ち合わせに同席したことがあります。発言するのは奥さまばかりで、ご主人は「それでいいよ」しか言いませんでした。終了後、気になった私は「本当に何も希望はないんですか？」とご主人にこっそり聞いてみました。すると、「うーん、足を伸ばせるぐらいのお風呂があったらいいなとは思いますけど」という答えが返ってきました。

それ、言わなきゃダメでしょ！　言わないと、ずっと不満を感じながら暮らし続けることになりますよ。まずは家族全員の要望をすべて伝えきること、そこから予算調整が始まります。家づくりに妥協したくないなら、遠慮しないで要望を伝えきりましょう。

## 値引きを強要しすぎると損をする

家は高い買い物なので、少しでも安く建てたいと思うもの。ときどき、A社に描いてもらった図面をB社とC社に持っていって、相見積もりをとる人がいます。気持ちはわかりますが、私は反対です。それだと「安かろう悪かろう」の家になる可能性が高いからです。住宅会社は建築のプロですから、建材の質を落とすなど、安くしようと思えばいくらでもできるノウハウを持っています。結局は不満だらけの家に住むことになります。安いからという理由だけで選んだ住宅会社と、この先何十年も深く付き合えますか？

「いい家」を建てるためには、それなりにコストがかかります。ですから過度に値引きを強要すると住宅会社のモチベーションが下がるし、建てた後もギクシャクして良好な関係を築くのが難しくなります。値引きを強要する建て主さんより、適正価格で気持ちよく契約してくれた建て主さんの家の方に力が入るし、仲良くなるのは当然でしょう。

見積もりを3社に依頼して検討する時間があるのなら、1社に絞って依頼して、その分時間をかけてじっくりコストダウンする方法を相談した方が賢明です。「どうしてもあなたの会社で建てたいんです」という情熱が伝われば、住宅会社も「仕方ないなぁ。じゃあ、何とかするか」とひと肌脱いでくれるはずです。

# コストを下げるポイント

## 中途半端な要望は切り捨てる

家づくりは、引き算と言われます。予算には限りがありますから、見積書が出てきたら、どこを削って、どこを残すかを検討していきます。優先順位を夫婦でよく話し合い、自分たちが絶対に叶えたいと思うこと、無理になくてもいいものを選別して順位をつけてください。優先順位が高いものはお金がかかっても絶対に叶えるべきです。その代わり、優先順位が中位～下位のものは、ばっさり切り捨てる覚悟をしてください。中途半端に残すのではなく、きっぱりと諦めるのです。「やりたいことは全部やりきった。無理にやらなくてもいいことはや～めた」という状態に予算を調整すれば、不満は残りません。後で振り返ると、「何か諦めたことってあったっけ?」と覚えていない人がほとんどです。

一方、すべての項目で少しずつ妥協すると悔いが残ります。家電や家具、洋服や靴、アクセサリーも同じではありませんか？　絶対にやりたいことは妥協せずに貫き通す。優先順位の低いものは完全にやめる。見積もりを調整する際、絶対に忘れないでほしい大切なポイントです。

## 「セルフビルド」でコストカット

コストを抑えたいなら、自分たちで家をつくる「セルフビルド」という選択肢もあります。土台、柱、梁などの重要な構造だけをプロが建てて、内装や塗装、外構を自分たちで行うというやり方で、300万円ぐらい節約できる場合もあります。DIYが得意でなくても、私のように不器用でも、最近は大工道具がかなり進化しているので、ノコギリをひいたり、釘を金槌で叩いたりしなくてもきれいに仕上がります。まさにレジャー感覚ですね。

施工期間に余裕がある人でないと難しいとは思いますが、たとえば、平日は奥さまが担当して、週末はご主人と子どもたちも参加して手伝う。あるいは、子どもたちが独立して、ご主人もリタイアしたら、ご夫婦の終の住処を2人でゆっくり建てるのもいいですね。

## ●住宅ライターのおせっかい

図面は命です。建築家も工務店も、白鳥のように涼しい顔でスイスイ泳いでいるように見えても、水面下では必死でバタバタしながら水を掻いています。建て主さんのためにそれほど苦労して描いた図面を、他社に見せて相見積もりをとるのはやめましょうね。

コラム1
# 住宅雑誌の取材現場①

## 「静岡の渡辺篤史」と呼ばれて

住宅雑誌やウェブサイトの取材は、広告スポンサーである工務店が載せたい家を選び、出版社の営業とフリーのライター、カメラマンが建て主さんのお宅を訪問します。取材は建て主さんの都合に合わせて土日が多いのですが、平日の場合もあります。1日に2~3邸、MAXで4邸訪ねます。私が取材するのは、主に静岡県全域と愛知県東部で、マイカーで移動します。

毎週のように「お宅拝見」の仕事を続けているからでしょうか、いつしか「静岡の渡辺篤史」と呼ばれるようになりました。30年も続いているあの長寿番組が私も大好きで、インタビューの質問内容や住宅の設計手法、家具なども勉強になります。

取材の流れですが、最初に家の中をカメラマンと一緒に隅々まで拝見し、工務店からのリクエストも聞いた上で、15カットぐらいの撮影ポイントを決めます。その後、撮影班と取材班に分かれ、私が建て主さんご夫婦と向き合い、じっくりインタビューします。

新築したきっかけや工務店を選んだ理由、新築してから変わったことなどを質問しますが、この15年間で3000組以上のご夫婦を見てきましたから、1時間も話していると、ご夫婦の力関係や愛情の深さがわかります。子どもが男兄弟だけの家庭は奥さまがパワフル、姉妹だけの家庭はご主人優位というのが私の持論。みなさんの周りはどうですか？

取材はいつもスムーズに進行するとは限りません。ご夫婦が写真嫌いだったり、子どもがぐずり出したり、ペットが暴れたり、天候不順で延期になったり……。そんなハプニングにも臨機応変に対応しなければなりません。

取材するお宅は、建ててから1年以内の物件が多いのですが中には本当に新築なのかと思えるほど散らかっている家もあります。そんなときは、我々スタッフが引っ越し業者のごとく、手早く片付けます。雑誌に載っているどの家も生活感がないように見える裏側には、こんな事情が隠されているのです。

一方で、10年経っているとは思えないほどきれいな家もあります。床も家具も、時とともに風合いを増し、熟成しているのを感じます。そんな家ほど、建て主さんと住宅会社との関係性もずっと良好なんですね。建て主さんが手をかけながら丁寧に暮らしている家は居心地がよくて、取材が終わってもつい長居したくなります。

## 住宅ライターは体力勝負

およそ2～3時間ほどで取材を終え、家に帰ると、なるべく早く原稿制作に取りかかります。何件も原稿を抱えているため、早く書かないと記憶が混乱してしまうからです。複数の住宅雑誌の取材が重なる月もあり、その期間の私の書斎は修羅場と化します。ライターというとひ弱なイメージがあるかもしれませんが、実は体力勝負なんです。

ただ原稿を書くだけでなく、カメラマンから送られてきた写真をレイアウトするのもライターの仕事。中1日で出版社に納品し、工務店と校正のやりとりを何度も行い、約2か月後にめでたく書店やコンビニに並びます。

住宅ライターがやりがいを感じる瞬間。それは、広告の反響が出たときです。取材先で、「この雑誌を見て〇〇工務店さんに決めたんですよ」と見せてもらったページが、自分が書いた原稿だったときの喜びと達成感はライター冥利に尽きます。成約したことで工務店は売上げが増えるし、反響が出たことで出版社は次号も広告を出稿してもらえて、建て主さんは満足する家が完成して幸せに暮らせる。つまり、その広告に関わったすべての人がハッピーで、ウィン・ウィンの間柄になれるのです。それってすごいことだと思いませんか。

ただ、住宅は金額が大きいだけにプレッシャーもあります。自信を持って書いたのに反響が出なかったら？　反響が出て成約しても、その家が建て主さんの満足する暮らしにつながらなかったら？　自分の書いた原稿が人の一生を左右しかねないという責任も感じながら、今日も一本一本、魂を込めて書いています。

Chapter

# 4

# 土地の話

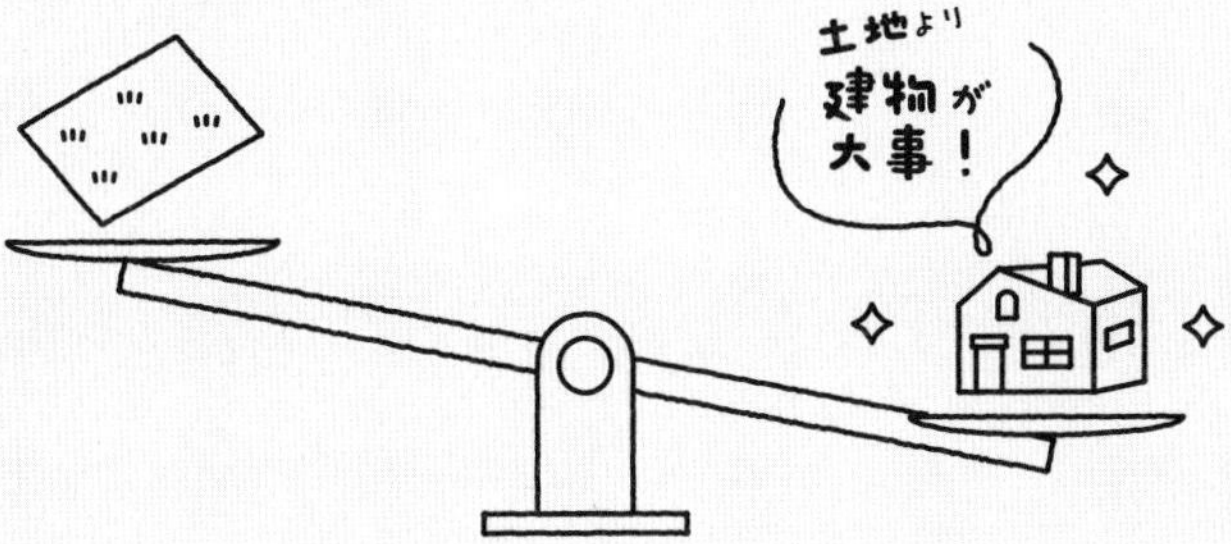


あなたはどんな土地が
「いい土地」だと思いますか？
駅から近い、公園がある、店舗が多い
子どもの小・中学校まで徒歩圏内など
人によって価値観が異なるものです。
ただ、好条件がすべて揃う土地はないし
あっても、相当高いはず。
家づくりの主役はあくまでも建物です。
建物に予算をかけるためにも
土地はできるだけ安く買ってください。
素人には判断できない場合も多いので
気になる土地が見つかったら必ず
家づくりのプロに見てもらいましょう。

# 「いい土地」ってどんな土地？

当たり前のことですが、家は土地がないと建てることができません。住宅会社の担当者に話を聞くと、新築の相談に来られるご夫婦で、土地を持っている人と持っていない人の割合は、ほぼ半々だそうです。土地を所有していると土地代が丸ごと浮きますから、建物に予算を多めにかけることができます。土地は地域や面積にもよりますが、多くの場合1000万〜2000万円しますから、予算を組む上で土地がある・なしの違いは大きいですね。

土地を持っていないと、建物と合わせての建築費になるので、総額でかなりのお金が必要になります。建ててしまった後に家を動かすことは基本的にできないので、後悔のないよう慎重に土地を選び、配置計画を練ってもらう必要があります。

では、どんな土地を探せばよいのか、注意すべきことを書いてみたいと思います。

## 不動産屋と住宅会社では、「いい土地」の意味が違う

土地探しを始める場合、まず近所の不動産屋に足を運ぶ方も多いと思います。そこで注意してほしいのは、不動産屋は「資産価値」でその土地を評価するということ。都心で駅から近く、交通の便

がいい土地が不動産屋から見た「いい土地」です。つまり、純粋に**不動産としての価値が高いかどうか**です。

でも、「将来的に価値が上がりますよ」と言われても、建て主さんは売るため（投資目的）ではなく、住むためにその土地を買いますよね。あるいは、「きれいな正方形だから、オススメですよ」と言われても、建て主さんの「住みたい家」を実現するためには必ずしも正方形がベストとは限らず、個性的な形の土地の方が理想に近い場合もあります。

同じ土地でも、住宅のプロは不動産のプロとは違う価値観で見ます。資産価値ではなく、**建て主さんの「住みたい家」に合っている土地かどうか**という視点で判断してくれるのです。

ただ、街の不動産屋は地域の地主さんとの付き合いが長いので、広告に載っていないレアな物件や、思わぬ掘り出し物をストックしている場合もあるので侮れません。希望するエリアでよさそうな土地を勧められたら、自分たちだけで判断するのではなく、必ず住宅会社の設計士に同行してもらい、長所と短所を聞くようにしてください。

たとえば、その土地の周りに背の高い障害物がなく、隣も空き地で日がさんさんと降り注いでいたとします。しかし、数年後、隣に住宅が建たないという保証はどこにもありません。設計士なら、土地を見ただけでさまざまなリスクが思い浮かぶはずです。

# 自分たちにとっての「いい土地」を探そう

## 優先順位を決めてから探すことが大事

住宅会社の社長からよく聞くのは、「１００％の好条件が揃った土地はまず存在しない、あったとしてもべらぼうに高い」ということ。日当たり抜群で、周囲に高い建物がなく、駐車スペースや庭もたっぷりとれる。駅や高速道路から近くて、小・中学校も徒歩圏内、スーパーマーケットやコンビニ、ショッピングモールといった生活利便施設が揃い、役所や金融機関、公園や病院もある……そのような環境であれば申し分ないのですが、土地代は相当高いでしょう。先走ってそんな土地を契約してしまうと、建物にかけられる予算が少なくなるということを心に留めておいてください。

まずは、自分たちにとっての「いい土地」を見極めるために、何を基準に土地を探すのか、家族で優先順位を話し合いましょう。何のために家を建てるのか、その場所でどんな暮らしをしたいのか、「住みたい家」のイメージを明確にするのです。

開放的なリビングで、日中でもカーテンを開けっぱなしで暮らしたいのなら、車や人の多い通り沿いや公園の目の前などはＮＧです。庭で家庭菜園をする夢があるのなら、将来的にも日当たりを邪魔されないような立地が必要です。眺望を楽しみながら暮らしたいなら、街の中心部の住宅密集地ではなく、郊外の高台立地を検討すべきでしょう。

優先順位を整理しないまま探すと、ただ安いだけの土地や不動産屋イチオシの土地に飛びついたり、迷っている間に他の購入希望者に先を越されたりします。「住みたい家」のイメージをブレずに持ち続け、ゆっくり時間をかけて探せば、限りなく理想に近い土地が見つかります。私の知り合いの共働き夫婦は、忙しい時間の合間を縫って、自分たちの足で希望するエリアをくまなく回って候補地を見つけ、狙った土地が売りに出されるのを辛抱強く待っていました。晴れて、第1希望の土地に素敵な庭付き一戸建てを建てました。そんな粘り強さと、タイミングを逃がさない嗅覚も土地探しには必要なのかもしれません。

取材で奥さまがよく言うのが、「子どもを転校させるのが可哀想なので、学区内で土地を探しました」という話。わからないでもありません。でも、子どもと一緒に暮らす時間は意外と短いものです。高校を卒業すれば、巣立っていきます。その後の夫婦2人で過ごす時間の方が圧倒的に長いのですから、学区優先で考えるのはどうかと思います。少々学校から遠くても、友達と寄り道しながら遊び、歌い、時にはケンカもしながら家路に就く。それも子どもたちにとって、かけがえのない思い出になるのではないでしょうか。

# みんなが欲しがらない土地が狙い目

## ハンディのある土地でも、設計力で魅力に変えられる

比較的安い土地というのは、条件が悪く、敬遠されて売れ残ったところです。でも、ちょっと見方を変えれば、魅力的な場合もあるし、設計力でリカバーできます。

たとえば次のような土地です。

・旗竿地《はたざお》(間口が狭く、不審者が入りにくい。子どもが道路に飛び出しにくいので安心)
・駅から遠い(通勤・通学に電車を使わない人には無関係)
・変形地(うなぎの寝床、三角形、台形などを活かして、個性的な間取りができる)
・狭小地(スキップフロアや3階建てなど、設計次第で開放的な家が実現する)
・目の前が墓地(建物が建つ心配がなく、眺望が開けている)
・線路沿い(トリプルサッシや断熱性能を高めることで騒音を軽減できる)

100人のうち99人が気に入らなくても、あなたが気に入って、理想の暮らしができる土地だと思えたなら、それはあなたにとって最高に「いい土地」なのです。

きれいに造成された分譲地。どの区画を購入すれば自分たちの理想の暮らしができるのか、設計士と相談してから決めよう

整形地でも、そこが必ずしも「いい土地」とは限らない。隣の家が古い場合、将来的に高層の建物に建て替わる可能性もある

間口の狭い旗竿地は、プライバシーを確保できるし、比較的リーズナブルな場合が多い。ストレスなく駐車できるかを確認して

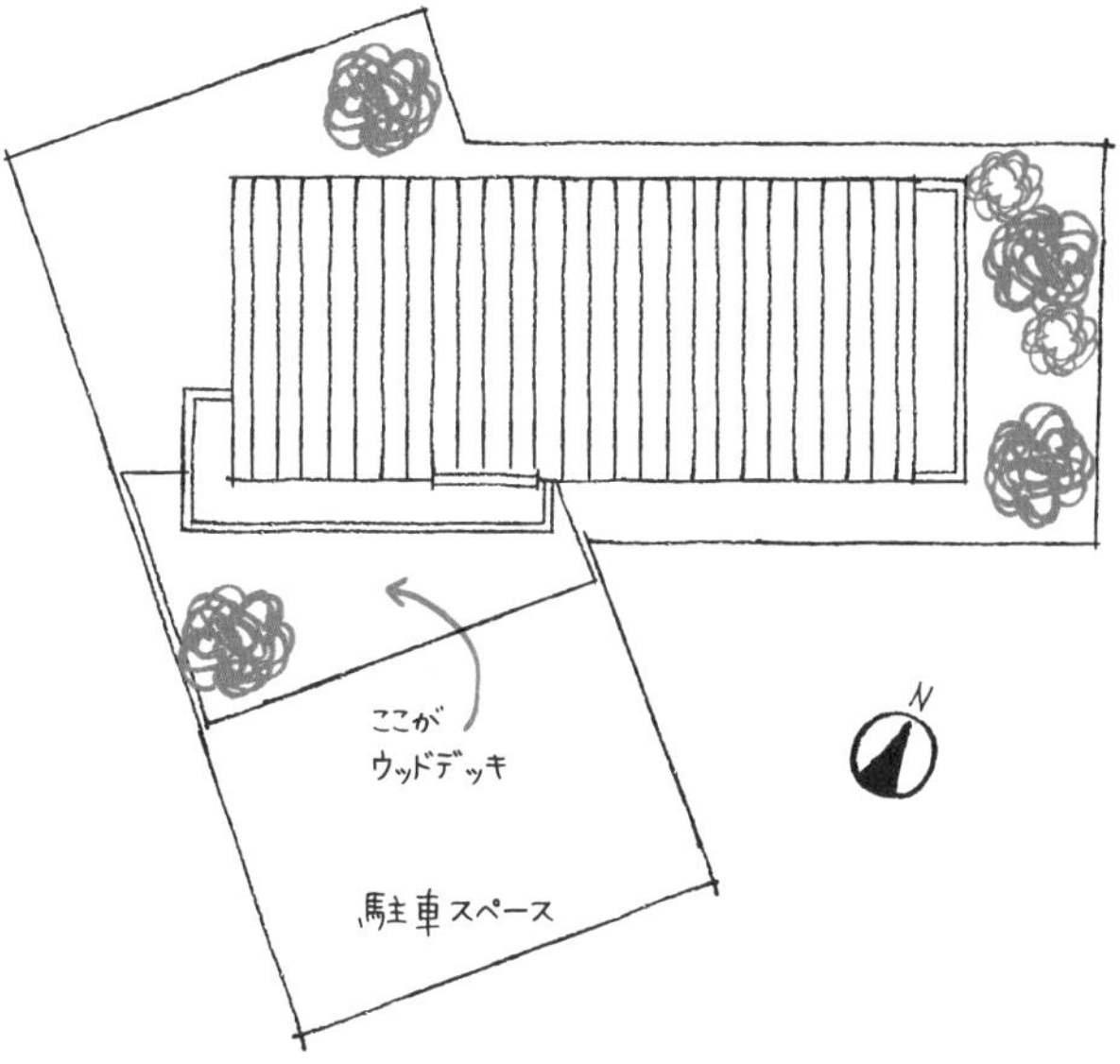


**変形地の配置図**

高級住宅街にある「トの字形」の土地。同じエリアの整形地の半額で購入できた。建物をこの方向に配置したことで、十分な明るさと風通しを確保。エントランスに大きなウッドデッキを作り、リゾートな雰囲気を演出した

設計／イオンアーキテクツ　池田勝彦
施工／MABUCHI

# 土地はできるだけ安く買って!

## 家づくりの主役は土地ではなく、あくまでも建物

土地探しで大切なことは、建物との予算配分です。先ほども書きましたが、土地にお金をかけすぎると、それだけ建物にかける予算が少なくなります。いい条件の土地を購入しても、「住みたい家」が建てられなければ、あなたが理想とする暮らしは実現できません。

たとえば、総予算が4000万円だとします。仮に2300万円の土地を買ったとすると、建物にかけられる予算は残りの1700万円しかありません。最近は、資材も人件費も高騰していますから、30坪の注文住宅を建てようとしたら、2000万~2500万円ぐらいはかかるでしょう。建てたい家の費用が2000万円だとしたら、300万円も足りません。300万円分をカットして建てようと思ったら、相当いろいろなことを妥協しなければならなくなります。建物の面積も小さくしなければならないでしょう。

「家を買うということは、土地を買うということ」と語る人がいますが、私はそうは思いません。投機目的の方は別として、家づくりの主役は土地ではなく、やっぱり建物だと思うのです。欧米のように、少しずつ手を加えながらリフォームを重ね、幾世代にも住み継がれていくのが「家」の理想

形だと思いますし、それが家族の深い絆にもつながるのではないでしょうか。全体の予算から建物の予算を引いた残りの金額を土地代として考えるべきです。どうしても土地ありきで考えたいなら、建売住宅の購入をお勧めします。

# 土地購入時に注意したいこと

## 土地には法規制が絡んでくる

土地を購入しても、自分の好きなように建物を建てられるとは限りません。誰もが住みやすい街づくりをするために、商業地域、住居地域、工業地域と、エリアによって建てていい建物が定められているのです。これを「用途地域」と呼びます。

さらに、住居地域の中でも、低層住宅しか建てられない地域、高層住宅を建てられる地域など、建物の高さや広さ、防火対策などについても細かく決められています。自治体によっては、外壁の色や植栽の種類など、もっと厳しい条件を設けている場合もあります。

設計士に任せておけば大丈夫ですが、打ち合わせが始まってから、「もっと建物を高くして、外壁に無垢板を張りたいのに、なぜできないんですか?」と揉めないためにも、基本的な法規制は押さえておきましょう。

そこで、土地購入時の注意点を簡単にまとめてみました。

## *建ぺい率・容積率

建ぺい率とは、敷地面積に対する建築面積の割合です。たとえば、敷地が100平方メートルで建ぺい率50%とすると、敷地内で建物を建てられる面積は50平方メートル以内となります。「建ぺい率30%」という厳しい条件も聞きますが、プロの設計士が「コンパクトに建てておおらかに暮らせる家」を実現してくれますから、心配はいりません。

容積率とは、敷地面積に対する延床面積の割合です。たとえば、敷地が100平方メートルで容積率が100%だったら、最大100平方メートルまでの延床面積がとれます。もし、建ぺい率50%で、容積率100%の土地条件だとすると、1階、2階ともに50平方メートル、合わせて延床面積100平方メートルの建物を建てられることになります。

## *セットバック

建築基準法で認められた、幅4メートル以上の道路に2メートル以上接していない土地は、原則的に建物を建てられません。災害時にスムーズに避難したり、延焼を防止したりするために、道路に一定の広さを確保しておきたいからです。自治体によっては、道路の中心線から2メートル後退（セットバック）した線までは道路としてみなされます。ただ、その分、敷地面積が減ることになるので注意してください。

## ＊斜線制限

街を歩いていて、3階建ての家の3階部分が斜めになっているのを見たことはありませんか？これは、近隣への日当たり、風通しを邪魔しないよう、建物の高さが制限されているからです。

## ＊日影規制

隣に高い建物が建つと、その家の日照時間が減ってしまうことがあります。それを防ぐために、建物によってできる日影の範囲や時間を規制しています。ダイナミックな大屋根の外観を望んでいる人は、地域によっては建てられないかもしれないのでよく確認しましょう。

## *防火規制

建物が密集している都市部では、火災が発生したときに延焼して被害が拡大する恐れがあります。そこで、中心市街地や幹線道路のそばを「防火地域」に、その周りを「準防火地域」と定めて、防火対策を義務付けています。たとえば、屋根や外壁などを不燃材料で作ったり、窓を防火ガラスにしたりしなければなりません。木組みを全面的に強調した家を建てたいと思っても、すべて耐火ボードで覆わなければいけない地域もあります。

## *市街化調整区域ではないか？

周りが田畑しか見当たらないような場所は、市街化調整区域になっている可能性があります。名前の通り、住宅などの制限をする場所で、更地から住宅を建てる場合は都市計画法などの許可が必要です。一定の条件が揃わないと建築することができません。配水管や上水道、ガス管などがない場合もあり、これらの新設には多額の費用がかかります。

## *生産緑地ではないか？

東京都内では、町田市などでよく見かけます。これは、農家の方が30年という単位でその土地を農業に使うという名目で税金の大幅免除を受けている土地。生産緑地から宅地に変更するには一定の手続きが必要なため、きちんと宅地として使えることを契約書に盛り込んでもらいましょう。

## ＊風致《ふうち》地区ではないか？

風致地区とは、景観のよい地域などの緑や河川を保護するために定められた地域地区です。そのため、外観の色彩や建ぺい率、敷地からの離れ寸法（隣地境界線から2メートル以上壁を離すことなど）、高さなどに制限がある厳しいものです。建ぺい率が低い場合がほとんどなので、敷地面積が大きくないと、理想の住まいが実現できない場合もあります。

## ＊下水道や上水道の経路を確認

地方の郊外でよくあるケースですが、敷地の面している道路に配水管が埋設されておらず、合併処理浄化槽の設置が必要になったり、水道管やガス管の引き込みに費用が発生したりする場合があります。中古の住宅が建っている場合でも、他人の敷地を介して配管が敷かれていることがあり、利用に関して後々トラブルになったと聞いたことがあります。

新たに水道管を引き込むには、都道府県によって申請方法が違ったりして、かなり煩雑な手続きが必要になるので、土地契約を結ぶ前に住宅会社とよく相談してください。

# 周辺環境をチェックしてみよう

## 時間帯を変えて、周辺を歩いてみる

気に入った家を建てたとしても、周りの環境が悪いと、ストレスを感じながら暮らすことになりかねません。目の前が開けていても、人が集まりやすい公園だったら、一日中レースのカーテンを閉めておくことになるし、さらに、その公園で毎朝ラジオ体操が行われていると、その音で安眠を妨害されます。やたらと吠える近所の番犬や初心者のピアノの音もストレスの原因になりますね。周辺の環境は、自分の力では変えることができないので、事前によく確認しておくことが大事です。住宅会社によっては、建て主さんの代わりに足を運んで、近隣の住人からさまざまな情報を集めてくれる場合もあります。

いいなと思える土地を見つけたら、実際に自分の足で周辺を歩くことをお勧めします。その際に大事なことは、朝、昼、晩と時間帯を変えて歩いてみること。暗い場所や危ない箇所はないか、通勤・通学路に重なって朝のラッシュに巻き込まれないか、隣の家の子ども部屋の電気が深夜まで煌々《こうこう》とついていないか、などなど細かく確認してください。

## 真南に家を建てるな

もし、今希望する土地の日当たりがよくないとしても、それがダメな土地とは限りません。建物の配置で光を取り込める場合もあるからです。**建物は真南に建てるより、南東や南西に向けて建てた方がより効率的に日当たりを確保しやすい**と覚えておいてください。

近隣に住宅やアパートが建っている場合、窓や玄関がどこにあるかを確認してください。どんなに日当たりのいいリビングでも、向かいのアパートの出入口が目の前にあったら、なかなかカーテンを開けられません。２階の寝室の窓の向かいに、隣のマンションの浴室やトイレの窓があるというのもなんだか落ち着かないですよね。

また、駐車場や空き地が隣接している場合は注意が必要です。将来的にマンションやビルなど、高層建築物が建つ可能性があるからです。

候補地の周辺を歩いてみて、音やニオイが出そうな工場などがないかも確かめましょう。以前取材した場所で、日当たり抜群の好立地であるにもかかわらず、何年も売れ残っている分譲地がありました。理由はただひとつ。近くの養豚場から強烈なニオイが風で運ばれてくるから。あるお宅では、隣の畑にカメムシが大量発生し、ウッドデッキに干した洗濯物にびっしり張り付くので、サンルームを増設したという話も聞きました。

# 地盤や水害などの確認もお忘れなく

## 物件を探す前に、希望するエリアの情報を集める

地震や台風などに備えて、「自然災害に強い家を建てたい」と誰もが思いますよね。でも、いくら頑丈な家を建てても、地盤が弱ければどうにもなりません。地盤の状況を知るには、役所の建築審査課で調べたり、地盤調査会社に依頼して周辺データをとる方法もありますが、相談している住宅会社に頼めば、代行して調査してくれます。

地盤が弱い場合は、地盤改良工事が必要となります。状況にもよりますが、工事には30坪の2階建てで50万～100万円ぐらいかかると思ってください。近くに川や湖、崖がある場所や、埋め立て地などは地盤沈下を起こしやすく、避けた方が無難でしょう。

最近の異常気象で、大雨による床上・床下浸水のリスクも気になるところ。せっかく新築したのに、浸水で住めなくなってしまっては悲劇です。各都道府県、市区町村でハザードマップ（災害予測図）を配布しているので、調べてみることをお勧めします。

土地購入時に、これまで述べてきたすべての項目を自分でチェックするのは大変です。人気エリアの土地はすぐ購入希望者が殺到し、抽選や順番待ちになります。いざ、気に入った土地が見つかって

も、判断するまでにあまり時間がありません。

だからこそ、私が声を大にして言いたいのは、物件情報を詳しく見る前に、希望するエリアの周辺情報、ハザードマップなどの防災情報を自分でチェックして、気に入る土地が出てきたときのためにしっかりと備えてほしいということです。

土地は、「ご縁」と「タイミング」です。ここぞというときに確実にゲットできるよう、周到な準備をしておいてください。

## ●住宅ライターのおせっかい

先に土地を購入してから住宅会社にプランづくりを相談すると、法規制に引っかかって理想の家が建てられない、なんてことも十分にあり得ます。土地探しと並行して住宅会社を選び、気になる土地を見つけたら、住宅会社の設計士に見てもらった上で土地を契約しましょう。くれぐれも、この順番を間違えないでくださいね。

コラム2

# 住宅雑誌の取材現場②

## 我が家の運命を変えた取材

「たくさんの家をご覧になっているから、ご自宅もきっと素敵なんでしょうね」と、取材先の奥さまによく言われます。

実は、こんな仕事をしていながら、新築するタイミングを逃し、長い間アパートを転々としていたのです。気がつけば50歳目前。この年齢では長期の住宅ローンも組めず、仕方なくローコスト住宅を建てるメーカーと仮契約していました。自分にもしものことがあっても、家族に一軒家さえ残すことができれば、それでいいと思っていたのです。

そして、忘れもしない2013年2月20日。A様邸の取材が、我が家の運命を変えることになりました。私がインタビューする前に、ご主人が開口一番こう言いました。「実は僕たち、2度目の新築なんですよ」。えっ!と私は耳を疑いました。どう見てもそのご夫婦は30代の前半だったからです。

事情を聞くと、初めて建てた家が日当たりも風通しも悪く、砂埃が入ってくるといった欠陥住宅だったそうです。「こんな家に住んで、この先35年もローンを払い続けていくのかと思ったら震えが止まりませんでした」と奥さま。たまたま私が以前住宅雑誌に書いた工務店の記事をご主人が読んで、担当者に相談したそうです。運よく土地と建物を売却できて、今度は理想通りの住まいを手に入れることができたのでした。

ご夫婦の話を聞きながら、私の頭の中には映画「ロッキー」のエンディングテーマが鳴り響いていました。そうだ、夢を簡単に諦めてはいけない。妥協するな。家族を幸せにするためにも、自分が納得できる家を建てるべきだと思い、キャンセル料を払ってローコスト住宅の仮契約を白紙に戻したのです。

家に帰り、妻に恐る恐る事情を説明すると、「あなたが本当に建てたい家を建てるのがいちばんよ」と背中を押してくれました。

もし、あのときA様邸を取材していなければ、今頃後悔しながら住宅ローンを払っていただろうと思います。新築してから、A様に感謝の手紙を出しました。担当者によると、何のことだか訳がわからず、びっくりされていたそうです。

では、住宅ライターがどんな家を建てたのか、次のコラムでご紹介します。

Chapter

# 5

# 見えない箇所にお金をかける

人はどんな家だと満足するのでしょうか？
デザインも大事ですが、いずれ飽きます。
もっと大切なことは「住みごこち」です。
そのためには構造・断熱・気密・調湿性能に
コストをかける必要があります。
これらは、完成してからでは見えない
つまり、後からでは修復できない箇所です。
ここをなおざりにしてしまうと
家が長持ちしないのはもちろん
住まう人の健康にも
悪影響を及ぼす場合があります。
断熱と調湿が両立した家は
長く、健やかに、ここちよく暮らせます。

# 家のどこにお金をかけるべきか

限られた予算の中で、なるべく費用を抑えて「いい家」を建てたいと誰もが思うはず。そのためには、お金をかけるべきところには予算をかけ、そうでもないところは思いきって削りましょう。「いい家の価値観は、人によって違う」と前に書きましたが、お金をかけるべき箇所は同じ。それはデザインではなく、内部の構造と性能＝住みごこちです。

みなさんが生涯の伴侶を選ぶとき、顔だけで決めましたか？　ルックスよりも人柄を重視しませんでしたか？　それと同じで、家づくりも肝心なのは中身なのです。

## お金をかける優先順位とは

お金をかけるべき箇所の優先順位をつけると、次のようになります。

**①　構造・工法**
**②　外装（屋根・外壁）**
**③　断熱・気密**

**④窓**
**⑤内装（床・壁・天井）**
**⑥設備仕様**
**⑦外構**

何か気づいたことはありませんか？　優先順位が高いのは、完成後に手を加えるのが極めて難しい箇所です。対照的に、後で付け足したり、取り替えたりできる箇所ほど優先順位が低いのです。

まず、予算を絶対にケチってはいけないのが、基礎や柱、梁などの主要構造部です。建物を支える土台や骨組みをしっかり作り込んでおかないと、家の安全性や耐久性が大きく損なわれてしまいます。まさに縁の下の力持ちですね。

次に重要なのが屋根と外壁です。ここで手を抜くと建物の劣化が早まり、近い将来メンテナンス費用がたくさんかかることになります。

3番目と4番目は断熱と窓です。窓からは多くの熱が逃げていくため、断熱と気密に大きく影響します。寒い家は健康被害を及ぼすので、断熱と窓はよく考えるべきでしょう。

ここまで予算をしっかりかけたら、あとは床や壁、天井などの内装です。直接肌に触れる機会が多い床は、暖かくて経年変化を楽しめる無垢材がオススメです。

その次が設備仕様です。家づくりで、キッチンや浴室などの設備を選ぶことを、いちばん楽しみにしている奥さまも多いのではないでしょうか。だから、つい優先順位を上げたくなりますよね。

でも、ここはぐっと我慢です。上質な柱や梁は一生もちますが、設備は高いものを購入しても、使ううちに必ず買い替えの時期がやってきます。エアコンや洗濯機は10年ぐらいで故障したり、機能が落ちてきて、その頃にはさらにバージョンアップした新製品が出ていますよね。以前取材したお宅で、「憧れのキッチン（推定200万円）がどうしても欲しかったので、床を無垢から合板《ごうはん》フローリングに落としました」という奥さまがいましたが、今頃後悔していないことを祈るばかりです。

最後が外構です。「外構は後から自分たちでボチボチやるので結構です」なんて言う人もいますが、まずやらないですね。家は、建物と外構が揃って初めて完成します。外構が未完成の家は、ノーメイクで街を歩くようなものです。「弊社は建物とエクステリア（庭と外構）をセットで提案いたします」という工務店の広告を見かけることがありますが、設計段階から庭まで考えてくれる姿勢は好感が持てますね。

こうしてみると、大事な箇所は地味なところばかりです。構造や断熱材は、建物が完成したら見えません。でも、毎日の暮らしではなかなか気づかない、そうした見えない箇所こそが大事なんです。設備や内装など、見た目の豪華さにお金をかけ、基礎や骨組みで手を抜くと、地震などの災害時にそのもろさが露呈します。

では、建ててしまってからでは容易に交換できなくなる①～④について詳しく述べます。⑤～⑦については第6章と第7章で書きたいと思います。

# ①構造・工法

## 構造材は無垢材にこだわる

住宅の耐久性能や強度の要となる土台や柱は、建物全体を支える重要な部材で、取り替えができません。それにもかかわらず、構造材に集成材《しゅうせいざい》を使う住宅会社のなんと多いことか。集成材は安価でありながら、一定の品質で大量生産できること、割れにくい、狂いにくいという利点があります。しかし、高温多湿の日本で、接着剤で貼り合わせた柱や梁がどれだけ長持ちするのでしょうか。私が建て主だったら不安で仕方ありません。

土台や柱、梁には国産のヒノキやスギといった天然木を使うべきです。無垢材は、伐採《ばっさい》してから約200年までの間、強度が2〜3割上昇し、その後緩やかに伐採時の強度に戻っていくと言われます。世界最古の木造建築物である法隆寺が1300年を経た今もなお美しい姿を保っているのは、長い時間をかけて自然乾燥し、強度を増していく無垢のヒノキを使っているからなのです。

できることなら、あなたが家を建てる地域の山で伐採された木を使って建ててほしいと思います。なぜなら、木は家になった後も地元の気候風土を覚えており、その記憶に合わせて湿気を吸ったり吐いたり、本来備わった調湿特性を存分に発揮してくれるから。木材を地産地消することで、地元の自然を守り、林業を継承していくことにもつながります。

「森林伐採ツアー」に参加すると、住宅に使われる木材の原点を身近に感じることができる

厳しい自然に耐えてきた樹齢70〜80年の木は、目が密になり、構造材として頑丈で美しい材料となる

日本建築伝統の「手きざみ」。料理と同じで、最高の素材を最大限に活かすには、高い技術を身につけた大工さんの腕が不可欠

## 木造、鉄骨造、RC造。工法による耐震性の差はない

東日本大震災以後、「○○工法が強い、○×工法が弱い」と、建物の構造や工法による耐震性の違いを比較する記事がメディアで多く見られるようになりました。地震で建物の倒壊を免れた住宅会社は、ここぞとばかりに「地震に負けない家」というキャッチフレーズを用いて、堂々とアピールしています。

専門家の方にお話を聞いたことがあるのですが、耐震性を求めて、木造、鉄骨造、RC造(鉄筋コンクリート造)それぞれの性質を活かした設計・施工をすれば、どんな工法でも同等の耐震性を備えた家ができるそうです。私たち素人のイメージだと、木造よりRC造の方が頑丈で長持ちするような気がしますが、実際はそうではありません。明らかなのは、**地震の揺れの大きさは建物の重さに比例する**ということ。同じ震度の揺れが発生した場合、軽い建物は揺れが小さく、重い建物は揺れが大きくなります。ですから、木造よりもRC造の方が地震の影響を受けやすいんですね。

## 木造住宅の主な構造・工法

建物の構造や工法には、それぞれ長所・短所があります。外観デザインや間取り、工期やコストにも違いが出ます。土地条件によっては、構造や工法が制限される場合も。家族のライフスタイルやリフォームの可能性を考えて選ぶことも大切です。

### ＊木造軸組工法《もくぞうじくぐみこうほう》

在来工法とも呼ばれる日本の伝統的な工法です。高温多湿な日本の気候風土に合うことから、最も多くの住宅会社で採用されています。我が家もこの工法で建ててもらいました。柱、梁、筋交《すじか》いなどの骨組みで建物を支える構造で、接合部（ほぞ）は金物、土台はアンカーボルトで固定し、建物のねじれや歪みを防ぎます。

柱や梁をむき出しにした真壁《しんかべ》づくりの和室や、柱が見えない大壁《おおかべ》づくりの洋室など、和洋を織り交ぜたオリジナリティ豊かな空間も得意。将来の増改築も比較的容易です。

鉄骨よりも軽いので、地盤への負担が小さくて済みます。その一方、火災に弱いので、適切な防火工事や換気計画を行うことが大前提。大工さんの腕によって仕上がりにバラツキが生じやすいのが難点です。

## ＊2×4《ツーバイフォー》工法（枠組《わくぐみ》壁工法）

北米から輸入された工法で、主要部材に2×4インチの角材を使うことから2×4工法と呼ばれます。地震や台風にも強いと言われています。

角材で作った枠に構造用合板を打ち付けてパネル化し、それを起こして壁、床、天井を作ります。柱や梁の線で支える軸組工法に対して、壁や床などの面で支えるのが特徴です。

地震などの外力を6面で分散して受け止めるため、建物のねじれや歪みが起こりにくいのが最大のメリット。転がしても変形しないサイコロの原理と同じですね。合板で囲まれた箱のような構造は、密閉性が高く、気密性に優れています。事前に工場で構造材を大量に作って現場で組むため、工期が短いという利点もあります。

壁で構造を支えているため、間取りの自由度がやや低く、リフォーム時にも制約を受けます。また、屋根を最後に作るので、雨の多い日本では建てる時期に注意が必要です。

## ＊ＳＥ構法

阪神・淡路大震災を機に誕生したＳＥ構法。その特徴は、木造ながら鉄骨造のように柱と梁が強固に結合されている「ラーメン構造」にあります。強度が数値で示される集成材を骨格に使い、木造軸組工法の弱点である柱と梁の接合部に「ＳＥ金物」を、土台に「柱脚金物」を使用して強化します。

多くの柱や壁を必要としないので、最大９ｍのスパンを飛ばすことができ、30畳以上の大空間や大きなフルオープンの窓が実現できます。また、木造住宅では義務付けられていない「構造計算」を全棟で行うため、耐震性が科学的に検証されているという安心感もあります。デメリットは費用が高いこと。30坪の住宅で60万〜90万円程度アップします。でも、その差額を補って余りある開放感あふれる空間が生まれるのは、やっぱり魅力ですね。

## 構造計算のススメ

家の耐震は、設計士や大工さんの経験値や勘だけに頼ってはいけません。そこでお勧めしたいのが「構造計算」です。

構造計算とは、建物が地震や風雪などに耐えられるかを設計段階で計算して確かめること。柱や梁、土台、基礎配筋まで細かく算出して正確な強度を出します。すべての構造部分にかかる力が詳細にわかるので、より安定した家をつくることができます。別途費用が必要ですが、構造計算すると、震度6に耐え得るには耐震金物が何本、生コン量がどれだけ必要かといった数字が明確に出るため、地震に強い「根拠のある」建物が完成します。

# 木造住宅の主な工法

## 木造軸組工法

**「線」で構成される木造軸組工法**

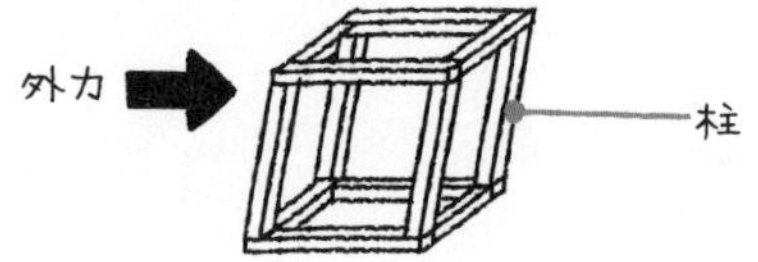


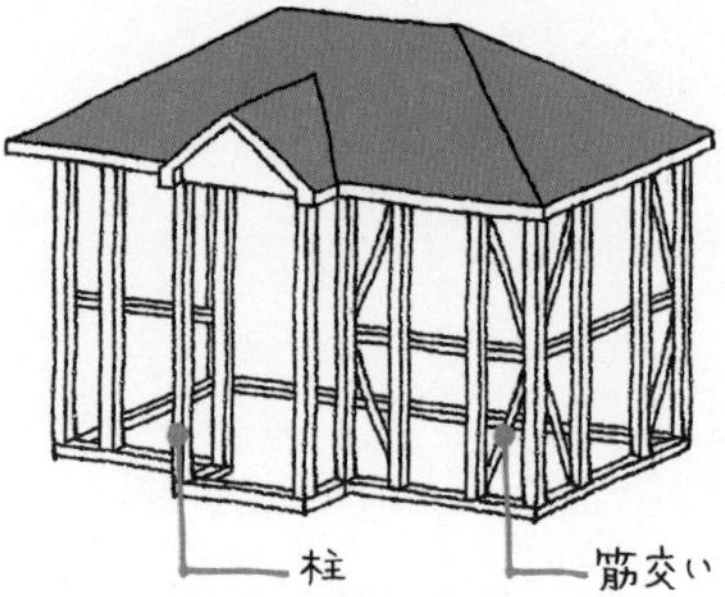


## 2×4《ツーバイフォー》工法（枠組壁工法）

**「面」で構成される2×4工法**

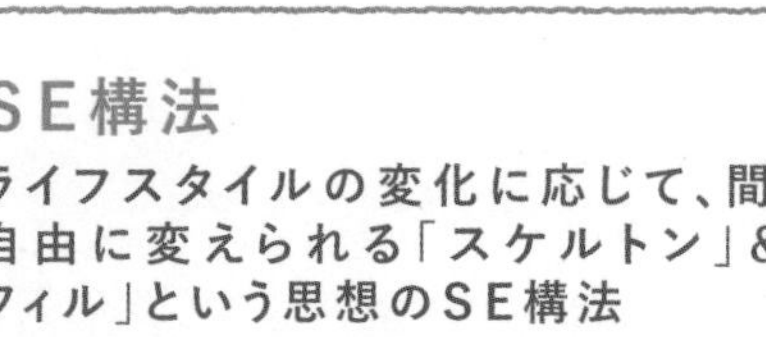
屋根（天井）
壁
外力
床


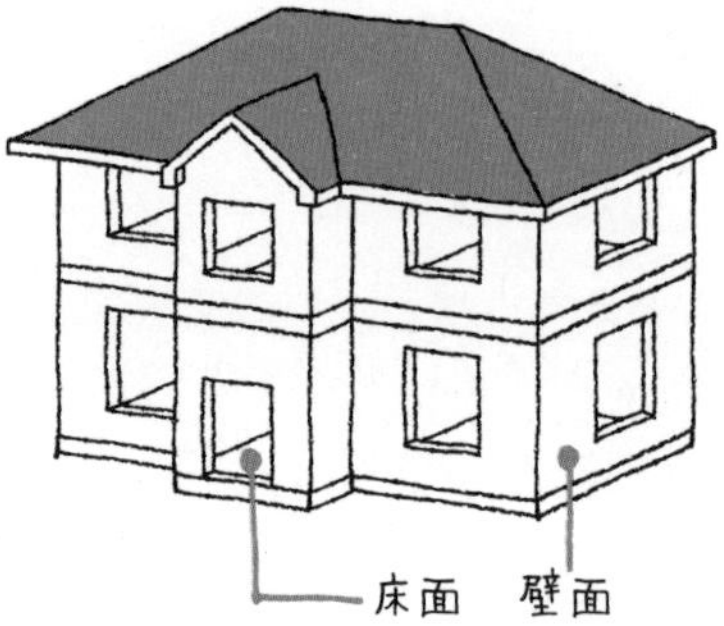


## SE構法

**ライフスタイルの変化に応じて、間取りを自由に変えられる「スケルトン」&「インフィル」という思想のSE構法**

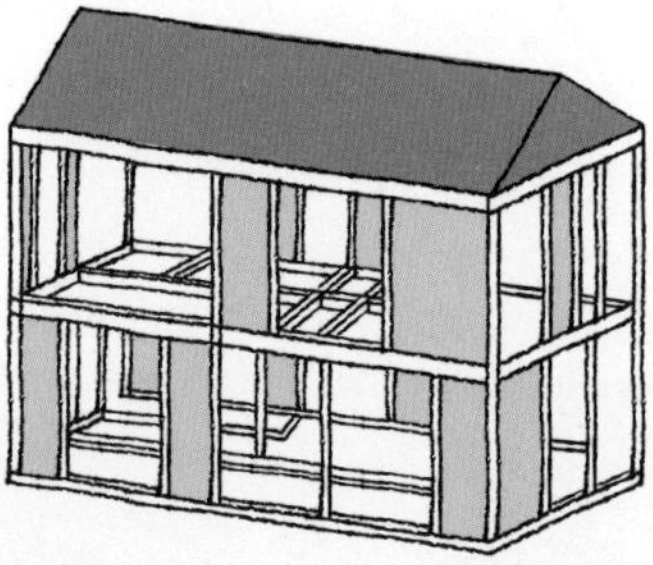

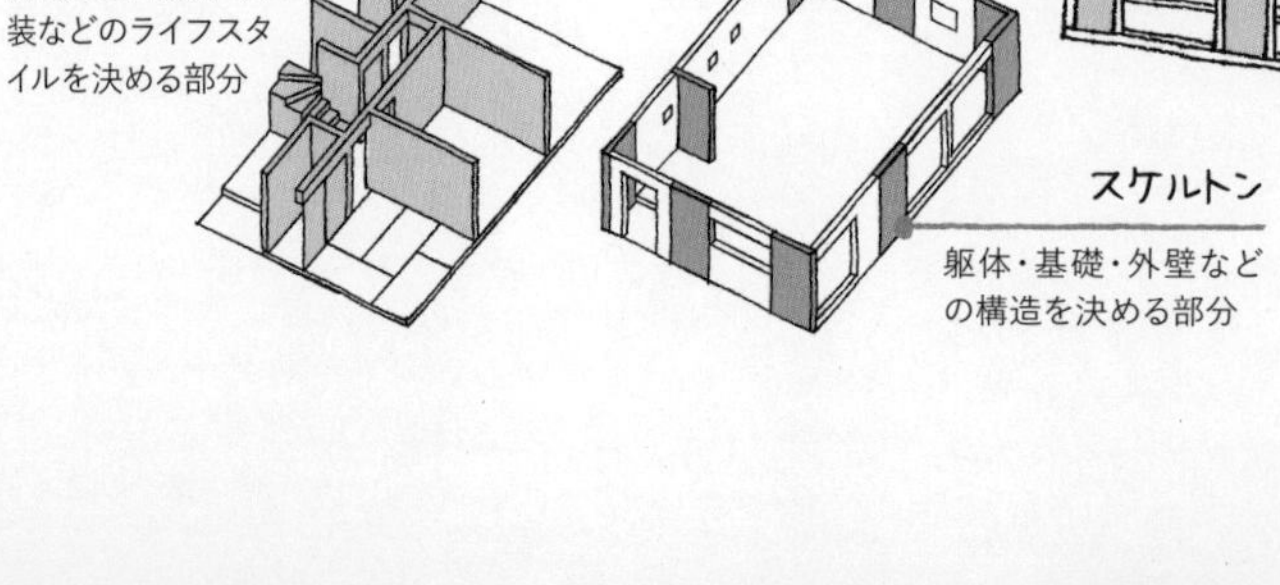
インフィル
仕切り壁・設備・内装などのライフスタイルを決める部分

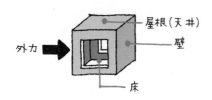

建築家設計による、木のぬくもりを感じる平屋。2つの中庭に挟まれたリビングは、たっぷりの光が降り注ぎ、開放感抜群。窓を開け放てば、爽やかな風が通り抜け、リゾート感を味わえる（木造軸組工法）（撮影：中村絵）

強靭な接合部で揺るぎない強度の骨組みから生まれた開放感あふれる木造住宅。柱や仕切り壁が少なくて済むので、大きな窓や出入り口、広々とした吹抜けの大空間を安全・確実に実現できる（SE構法）

# ②外装（屋根・外壁）

屋根と外壁は、家の第一印象を決めると同時に、雨、風、雪、強い陽射しから家を守ってくれる大事な部分です。特に屋根は、住宅の部位の中で最も過酷な環境にあり、傷みも早いので、お金をかけて堅牢《けんろう》に作らなければなりません。メンテナンスするには足場を作る必要があり、頻繁にはできないことから、耐久性の高い素材を選びましょう。

最近は、金属の中でも比較的安価で性能がよく、メンテナンスも楽なガルバリウム鋼板が多く使われています。屋根にソーラーパネルを載せても、デザインに違和感がありません。軽量で耐火性に優れる半面、熱を伝えやすいので、断熱材に考慮する必要があります。

## 軒が大事！

屋根の軒はとても重要で、室内の明るさや温度に影響してきます。左ページのイラストを見てください。夏は太陽高度が80度くらいまで上がります。冬は30度くらいまでしか上がりません。太陽光の角度を考慮して軒の長さを決めれば、真夏は暑い直射日光をカットでき、真冬はポカポカとした陽射しを室内の奥まで取り込むことができます。しかし最近は、軒や庇のないキューブ形の家が増えています。デザインはシンプルでカッコいいのですが、機能的とは言えません。軒がない家というのは、雨の日に傘をささずにじっと立っているようなものです。軒があれば、雨の日でも窓を開

## 太陽のみち（おひさまの向き）

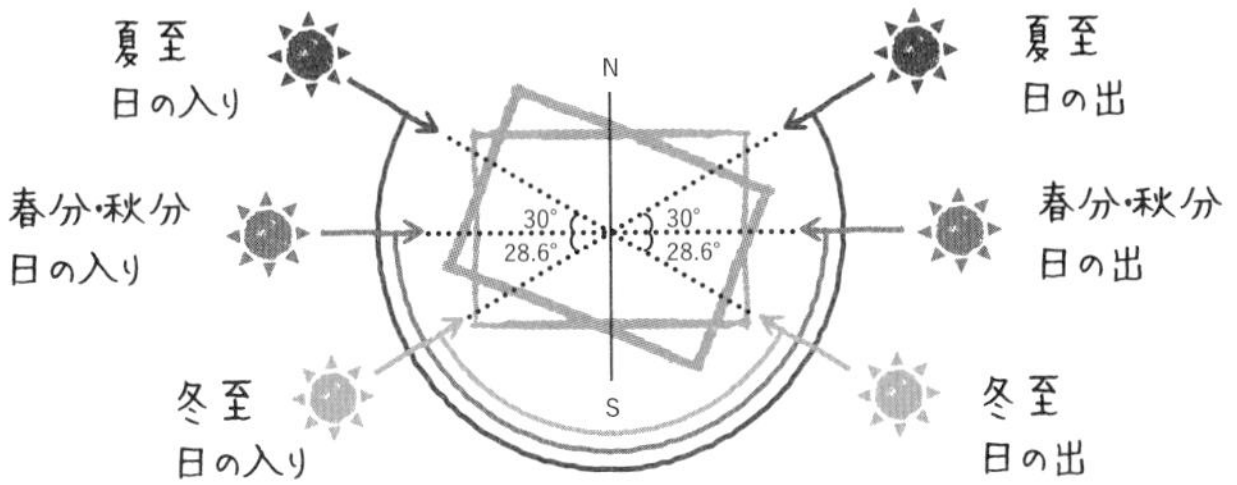


季節によって日の回り方は大きく異なります。家の配置計画はそのことに配慮することが基本です

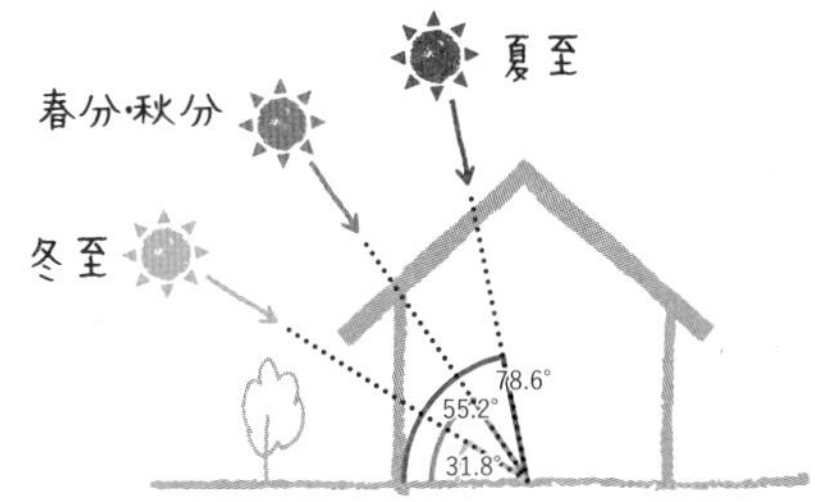


季節によって日の高さはこんなにも違います。軒を出したり、南側に落葉樹を植えたりすることで、冬は光を部屋に取り込み、夏は直射を遮ることが設計の原則です

けて部屋の換気ができます。軒がないと、ちょっと雨が降っただけで窓を閉めなければならず、湿気が部屋にこもります（漆喰《しっくい》の塗り壁を採用すれば、多少緩和されると思います）。

我が家は2階のベランダに洗濯物を干すのですが、小雨が降ってきたらOUTです。すぐ室内に取り込み、洗面脱衣室で部屋干しする羽目に。せめて、ベランダだけでも屋根付きのインナーバルコニーにしておけば、少々の雨でも濡れなかったのにと後悔しています。軒をどう出すかによって、外壁のメンテナンス頻度も変わってきます。

## 外壁

大きく分けて、張るタイプと塗るタイプに分かれます。張るタイプは、サイディング、ガルバリウム鋼板、ＡＬＣ（軽量気泡《きほう》コンクリート）。塗るタイプが漆喰、モルタル、火山灰、土などです。レンガは「積む」タイプになります。

現在の日本の住宅に使われている外壁材のうち、約8割がサイディングというセメント質のボードです。フェイクとはいえ、タイル調、レンガ調、塗り壁調、木目調とデザインも豊富で、安価で施工しやすいのが利点です。しかし、サイディングは薄くて柔軟性がない上、劣化しやすく、はがれたりします。そのまま放置しておくと、地震の揺れに耐えられず、ひびが入る危険性もあります。

耐久性に優れ、メンテナンスしやすく、カラーバリエーションも豊富なのはガルバリウム鋼板です。時が経つほど風合いが出てくるのは漆喰やレンガといった自然素材です。

ちなみに我が家は、サイディングの倍にあたる厚さ37ミリでありながら軽量のＡＬＣパワーボードを採用。防火性、耐久性、断熱性、遮音性にも優れ、夏の酷暑や冬の低温、乾燥にも強く、ひび割れや反りも起きにくいというスグレモノで安心できます。

## 塗り壁

職人の手仕事が魅力的。コストはかかっても、経年変化を楽しみたい方にオススメ(撮影:中村絵)

## ガルバリウム鋼板

軽くて耐久性に優れるため、メンテナンスも比較的容易。和モダン、シンプルモダンのどちらにも対応できる

## ALCパワーボード

断熱、調湿、防火、遮音性に優れる。軽量でありながら強度が高く、耐用年数も長い。価格は高め

## サイディング

デザインの幅が広く、大量生産でコストも安い。10年程度で塗り直しや継ぎ目補修などのメンテナンスが必要

# ③ 断熱・気密

## 日本の家は腐りやすい

日本と外国の住宅の平均寿命を比較してみると、イギリスが約77年、アメリカが約55年に対し、日本は約30年と言われています。住宅ローンを払い終える前に寿命を迎えることになります。なぜ、日本の住宅だけが短命なのでしょうか？

簡単に言うと、湿気が多い日本の家は腐りやすいから。家の腐食を引き起こしている真犯人は、壁の中で生まれる結露（壁体内結露）です。結露が発生するのは、家の断熱性能が低く、家の中と外で温度差が発生するためです。結露が発生すると、カビが生えて、木材を腐らせる菌が繁殖するようになり、じわじわと家が腐っていきます。

## 冬の室温は18度以上が鉄則！

徒然草に「家の作りようは、夏をむねとすべし」とありますが、家の造りで「涼しさ」を重視するのは昔の話。今、冬に18度を下回る寒い部屋で過ごすと、心血管疾患をはじめ、さまざまな病気を発症するリスクや死亡率が高まり、さらには脳年齢にも悪影響を及ぼします。**突然死の約65％が自宅の居間で起きている**という衝撃のデータもあります。

以前、健康科学を専門に研究されている大学教授にインタビューしたことがあります。その先生が、「住まいと健康」に関する大規模調査を行ったところ、夜中の0時に居間の室温を18度以上に保っていた人に対して、18度未満の家に住む人は高血圧症を6・7倍も発症しやすいという結果が出たそうです。また、別の大学教授が大阪府で行った調査によれば、脱衣所の平均室温が12度の家に住む人に比べて、14度の家に住む人は健康寿命が4歳も延びていたことが判明しました。つまり、「**暖かい家は病気になりにくい**」ということです。住まいは、食事、運動と同じように健康に直結するんですね。

## 温度のバリアフリーが病気を防ぐ

ヒートショックという言葉を聞いたことがありますか？　暖かいリビングから寒い脱衣所や浴室に移動するなど、急激な温度変化に伴う血圧の変動で起こる健康被害（心筋梗塞や脳梗塞など）のことです。実は、年間約1万7000もの人がこのヒートショックで命を落としているのです。この数字は、年間の交通事故死亡者数の約5倍にあたります。

ヒートショックを防ぐには、断熱性能を高くした家づくりを行い、住居内の温度差（寒暖差）を小さくすることが必須です。また、断熱が不十分な家ほど結露が発生しやすく、カビが生える原因を作ります。カビによってダニが繁殖し、いわゆるハウスダストになり、気管支喘息やアトピー性皮膚炎など、アレルギー疾患を引き起こすのです。

## 断熱の前に「家のつくり」が大事

理系の方にときどき見受けられるのが「断熱オタク」です。自分で家づくりを一生懸命勉強したり、断熱を売りにする住宅会社で話を聞くうちに、「家は断熱が命！」と担当者に洗脳されてしまうんでしょうね。よく「外断熱にしてください」と言ったり、「御社でつくる家のＵＡ値（外皮平均熱貫流率）はいくつですか？　Ｃ値（相当隙間面積）は？」と質問したりする人がいますが、そういう人に限って実は断熱の根本を理解していなかったりします。いくらお金をかけて、優れた断熱工法、断熱材を使ったとしても、それだけでは暖かくなりません。断熱とは、熱を逃がさない、あるいは入ってこないようにするための補助的なもの。いかに、冷暖房を効率よく、長時間キープできるか、それを支えるのが断熱材の役目です。自然に発熱するものではありません。

四季を通じて快適に過ごせる住環境を実現するには、

**1　家のつくりで夏涼しく、冬暖かい「パッシブデザイン」にする**

↓

**2　断熱や遮熱で外の熱を遮断、保温する**

↓

**3　冷暖房設備で室温を調節する**

この順番が正解です。断熱を考える前に「家のつくり」が大事なのです。

家の断熱性能が乏しいまま機械設備に頼ってしまうと、光熱費が膨れ上がるだけでなく、人間が本来持っている免疫力の低下を招きます。さらに、原発問題や$CO_2$問題など、環境にも大きな影響を及ぼします。

そうならないためにも、太陽や風などの自然エネルギーを上手に利用する「パッシブデザイン」を取り入れましょう。パッシブデザインとは、住まいに取り込むことのできる自然エネルギーを最大限に活かし、気持ちのよい自然の中にいるような本質的なここちよさを生み出す設計手法です。

太陽の光が気持ちよく室内に降り注ぎ、ここちよい風が住まいの隅々に通り抜ける風の道を作る。寒い冬の夜は、昼間の太陽の熱を家の中に取り込んで暖かく過ごし、夏の暑い日でもなるべくエアコンに頼らずに暮らせる。そんなパッシブデザインの考え方は、持続可能な発展が求められるこれからの住宅に必要不可欠で、大きな価値があります。四季が巡り、気候の地域差が大きい日本では、できるだけ機械設備に頼らないパッシブデザインを活かした家づくりが理想と言えるでしょう。

パッシブデザインは、機械設備のなかった時代の優れた日本建築に、もともと高いレベルで備わっていました。夏の陽射しを遮る軒を出し、冬はその軒から陽射しを取り入れる。軒だけでは防ぎきれない日射は、よしずや庭の落葉樹などで防ぐ。冬の断熱のために戸や障子で挟まれた縁側という断熱・気密層を設ける。夏にその戸や障子を開け放てば、快適に過ごすための特等席となる……。ひと昔前の日本の住宅には、全館空調システムや地熱利用の換気システムといったハイブリッドな機械設備は必要なかったのです。

そうは言っても、現代人の忙しい生活や温暖化が進む今の地球環境を考えると、機械の力なしにストレスフリーで生活するのは難しいでしょう。最近の全館空調や床下エアコンなどは燃費がよく、環境に与える負荷も少なく、コストパフォーマンスも高くなっていますから、そのような文明の利器を使わずに我慢して暮らすのは不自然とも言えます。

これからの家づくりにおいては、そんな機械設備を否定するのではなく、自然の気候風土を活かすパッシブデザインとともに取り入れ、共存させていくことが大事です。機械に依存するのではなく、機械を上手に「利用する」ことが求められると思います。

## 断熱と調湿を両立させた「呼吸する住まい」

では、機械の力を利用しつつ、省エネも実現させながら、暑さ・寒さによるストレスのない環境を手に入れるにはどうすればいいのでしょう？

第一に、基礎コンクリートから壁、屋根を含む家全体を隙間なく断熱することが肝心です。次に、構造材、断熱材、外装下地材、内装材などに、湿気を吸ったり吐いたりしてくれる自然素材を多用します。こうすることで、室内の温度を一定に保ちながら、湿気が多い場合は外に逃がし、足りない場合は補うという「調湿」を自然の力で行います。

注意したいのは、内装の壁だけに漆喰や白洲《しらす》などの調湿する素材を使っても意味がないということ。中途半端な断熱や密閉はむしろ逆効果です。吸った湿気が外まで抜けず、室内に溜まってしまうので結露の発生を促し、カビが生えてきます。

住まいの耐久性、快適性を持続させるためには、雨水の浸入を防ぎ、構造体内の結露を防止する必要があります。そのため、屋根および外壁と防水層の間に「通気」を確保して、内部から出てきた

# パッシブデザインの基本

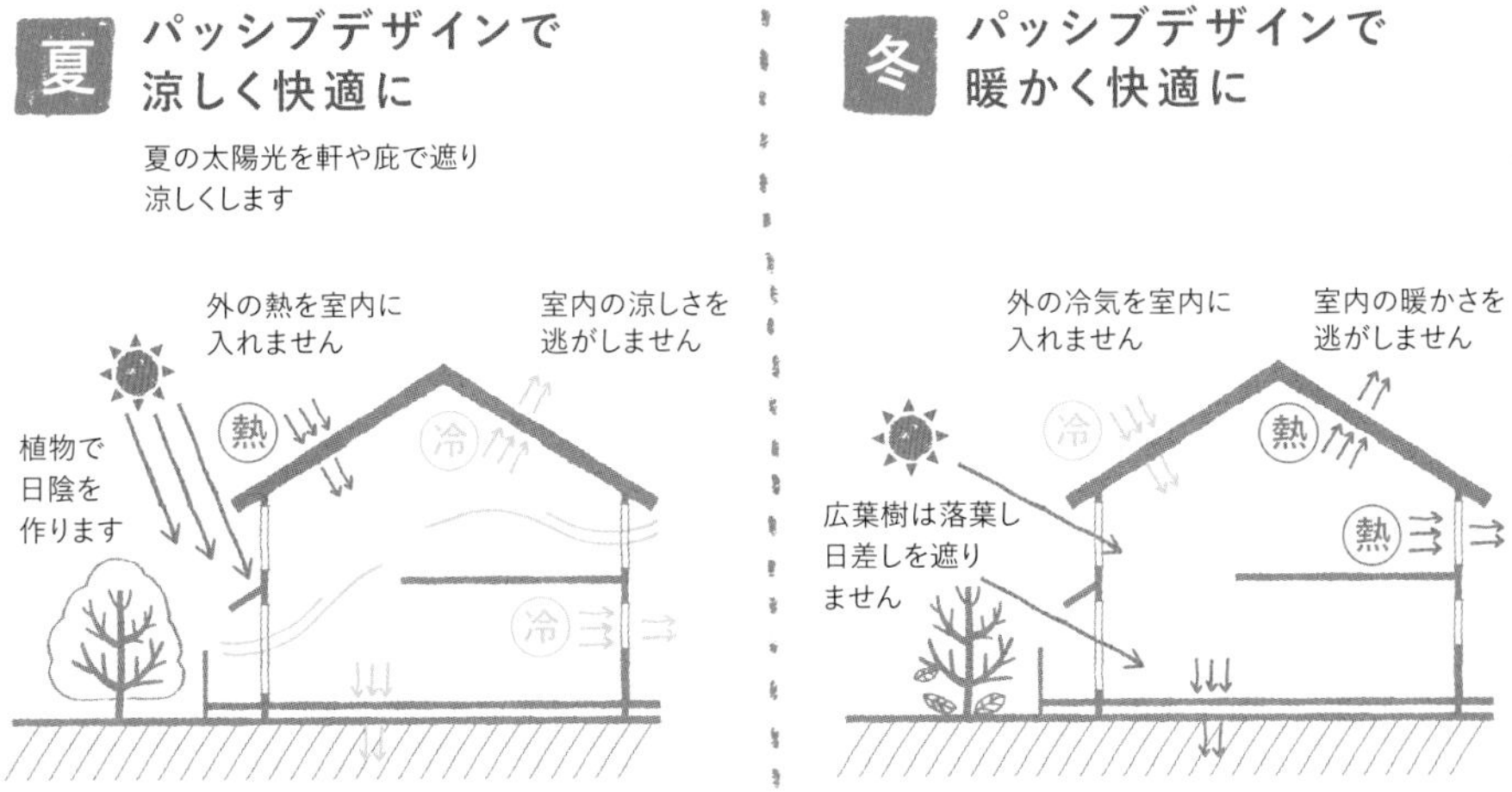
夏
パッシブデザインで
涼しく快適に
夏の太陽光を軒や庇で遮り
涼しくします
外の熱を室内に
入れません
室内の涼しさを
逃がしません
植物で
日陰を
作ります
熱
冷
冷
冬
パッシブデザインで
暖かく快適に
外の冷気を室内に
入れません
室内の暖かさを
逃がしません
広葉樹は落葉し
日差しを遮り
ません
冷
熱
熱

湿気と外部から入ってきた雨水を外に逃がすことで、構造体を常に乾燥した状態に保ち、建物の強度と快適な住空間を長期にわたって維持することができます。

このような「呼吸する住まい」は、夏でもジメジメせず、サラッとした空気の中で暮らせます。冬は乾燥せず、暖かくて潤いを保った生活ができ、風邪をひきにくくなります。

さらに、結露しないので家が長持ちするし、冷暖房効率もよくなるので、光熱費を大幅に軽減できるというメリットもあります。

ただ、どんなに高性能な断熱材を使っても、隙間があっては意味がありません。**断熱と気密はセットで扱うのが基本です**。気密はダウンジャケットのファスナーと捉えてください。取り込んだ太陽熱をしっかりと封じ込めることができれば、室内の「保温力」は格段に上がりますよね。

自然エネルギーを活かしたパッシブデザインに断

熱・調湿・気密性能をプラスし、必要に応じて機械設備の力を借りる。そうすれば、過ごしやすい春や秋には室内の温度や湿度を外と同じにすることができるし、真夏や真冬は気候の影響を受けにくくすることもできる、どちらにも柔軟に対応できるということです。

## 断熱性は断熱材選びで決まる？

家の断熱性を高めるカギは、断熱材選びにあります。断熱材には、たくさんの種類があります。繊維系の断熱材には、グラスウール、ロックウール、セルロースファイバーなどがあります。発泡プラスチック系の断熱材には、ポリスチレンフォーム、硬質ウレタンフォーム、フェノールフォームなどがあります。数ある断熱材の中で、どれがベストなのか、はっきりと断言できる人は住宅業界の中でも少ないと思います。

多くの住宅会社が使うグラスウールは、個人的にあまりお勧めしたくありません。安くて施工しやすいというメリットがある半面、隙間ができやすく断熱性にムラが生じたり、湿気を吸収しやすい性質なので、壁内で綿が落下し、内部結露によりカビが発生したりするリスクが高いからです。ただ、防湿・気密対策を正しく行える住宅会社なら、グラスウールでも断熱性能を担保できるかもしれません。

自然素材にこだわる工務店がよく採用する「セルロースファイバー」は、出荷前の新聞古紙をリサイクルしたエコ素材で、抜群の調湿性能を誇ります。壁の中にびっしりと充填されるので、壁体内結露もありません。しかも、木質繊維の中にたくさんの空気胞があるため、高い吸音性を発揮します。「電車や車の騒音が気になる」「自宅で子どもに思いきりピアノを弾かせてあげたい」という方にもオススメです。

私が最も注目しているのが、アラスカの観測基地でも採用されている世界基準の断熱材「アイシネン」です。99%空気でできており、壁や床、天井などに直接スプレー噴射し、100倍に膨らませる北米生まれの気密断熱材。きめ細かい泡状になって、壁内や小屋裏まで隙間なく埋め、動かない空気が熱を逃がさず、夏も冬も快適温度をキープして冷暖房費を節約できます。また、断熱材そのものが呼吸するので、結露やカビの発生を抑えます。さらに、ホコリや花粉の侵入を防ぎ、生活音の70%を吸音します。軽量発泡断熱材では唯一、全世界において「生涯品質保証書」を発行しているのも信頼できますね。ただし、費用は他の断熱材よりも高めです。

どの断熱材を使うにしろ、現場での施工がしっかりできていなければ台無し。それを確認するためにも、構造見学会に足を運んで、自分の目で確かめてください。

断熱・気密性能が高い家に住むと、住まう人の身体が楽になり、健康寿命が延びます。また、家全体の室温にムラがなくなるため、間仕切りする必要がなく、大きな吹抜けを作っても寒くならず、プランの自由度も広がります。しかも、各居室に1台ずつ必要だったエアコンも半分以下に減り、光熱費は大きく下がるはずです。

## 気密がいい家ほど換気も大切

健康に暮らすためには、家の中の温度、湿度、空気質を良好に保つ必要があります。良好な空気質にするためには、家の中と外の空気を入れ替えるための「換気」が大事です。

でも、何度も窓を開け閉めすると冷暖房効果が低下するし、花粉やPM2・5が侵入してきますよね。そこでお勧めしたいのが、ダクトレスの「全熱交換型換気システム」。これは、最初の70秒間で汚れた空気を排気しながら熱を蓄え、次の70秒間で蓄えた熱を放出すると同時に新しい空気を給気するというシステムです。クリーンな空気を家中に循環させて、過ごしやすい室内環境を維持しつつ、冷暖房効率の低下を防ぎます。通常の全熱交換型換気システムで必要となるダクトをメンテナンスする手間と費用もかかりません。

セルロースファイバーは繊維の中にたくさんの空気胞があって音を吸収するため、近隣への迷惑を気にせずピアノも思いきり弾ける

新聞古紙からリサイクル生産される断熱材セルロースファイバーは、木質繊維が状況に応じて湿気を吸収、放出する。構造体内無結露20年保証付き

# ④ 窓

## 高断熱サッシで熱を逃がさない

冬場、室内の熱は50％以上が窓から逃げていきます。夏は70％以上の熱が窓から入ってきます。そのため、窓の断熱性能を上げることで冷暖房費用を抑えられるだけでなく、カビやダニの発生原因にもなる結露を抑えることができます。

窓は、２枚の板ガラスの間に空気層（16ミリのアルゴンガス）を入れたペアガラスが主流ですが、夏場の暑い日射をカットしたい部屋には遮熱タイプ、冬場の暖かい光を取り入れたい部屋には断熱タイプと、目的に応じて窓を変えてみるのもいいと思います。

## 窓の役割とは？

窓から逃げたり入ったりする熱量は大きいため、窓の断熱性能を高めることはとても重要です。しかし、窓に求められる役割はそれだけではありません。季節ごとの太陽高度、風の向きなどを考慮した上で、窓の大きさ、位置を決めましょう。暖かい空気は上昇する性質があるので、窓を低い位置と高い位置で対角線上に設置したり、東西南北に風が抜けるように工夫することも必須です。

また、窓は採光や通風、断熱や遮音だけでなく、家の中と外を結びつける架け橋にもなります。

玄関ホールのピクチャーウインドウ（FIX窓）から坪庭の紅葉が見えたり、トップライト（天窓）から月や星空を眺めたりと、景色を切り取る役目も担っているのです。

あなたは、窓からどんな景色を見たいですか？

## ●住宅ライターのおせっかい

暖かい家に住むと眠りの質がよくなり、頭痛や肩こりも改善します。真冬に家の中で白い息が見える人、リビングにいてもダウンジャケットが手放せない人は、断熱・気密性能の高い暖かい家づくりを最優先してください。人生が変わりますよ！

## 家の熱の出入りは開口部の影響が大きい

窓は大きさよりも位置が大事……高温多湿な日本で、住宅の最大の天敵は「湿気」。風通しのいい室内環境を実現するために、窓を対角線上に設けることが大事です。

### 夏 冷房時(昼)に熱が流入する割合

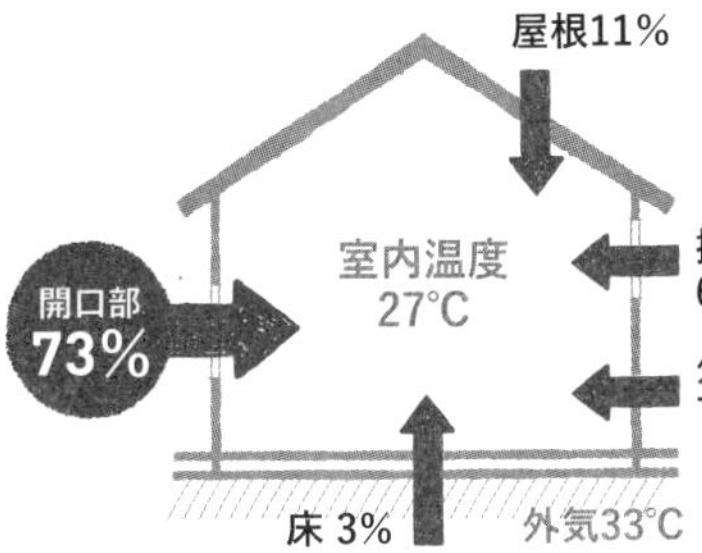


### 冬 暖房時に熱が流失する割合

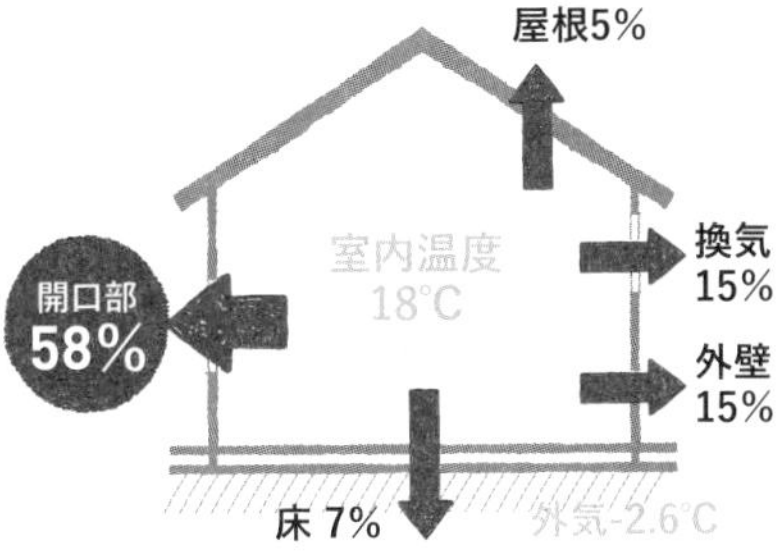


出典:建材による建物の省エネ性能向上について(経済産業省)

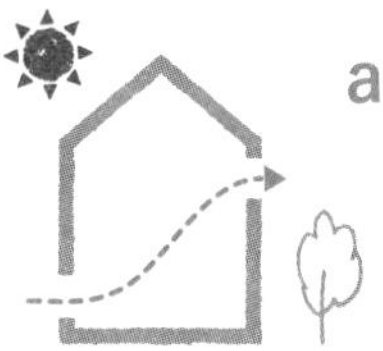

**a** 低い位置と高い位置に窓を配置する。暖かい空気は上昇する性質があるので、大きな窓がとれなくても、高さの違う窓があれば風は抜けていく

**b** 左記の具体例として、天窓(トップライト)を設けるのも一案。天窓によって風量は約2倍に増える。月や星空が見えるというメリットもある

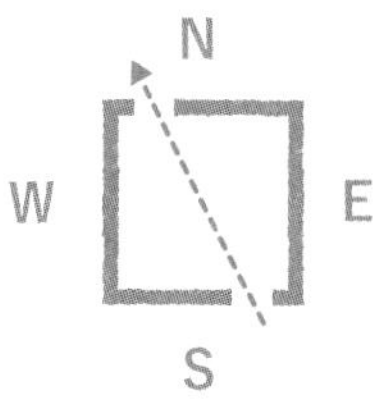


**c** 窓は対角線上に設けるのが基本。風が入ってくる方角の窓と対角線上にある窓も開け、できるだけ空気の淀みを作らないようにしよう

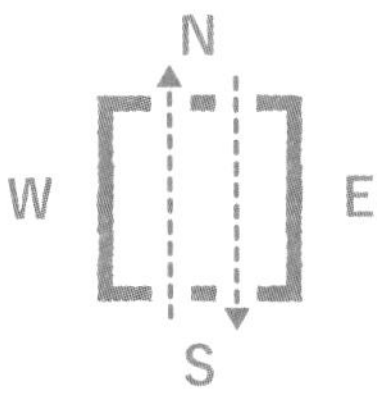


**d** 南と北に風が抜ける道を作ろう。風を上手に取り込み、風通しをよくするためには、入口だけでなく、出口も必要となる

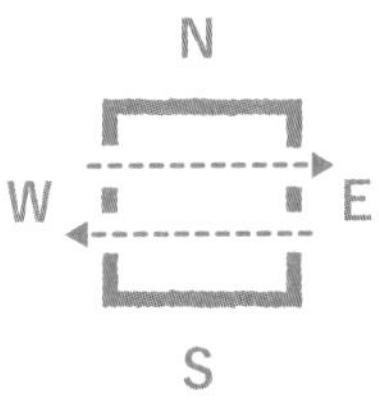


**e** 東と西にも風が抜ける道を作ろう。風が通る道は南北だけとは限らない。東西にも風が抜けると、風量が約4倍に増え、家中を循環する

全開口タイプのサッシがあると、
リビングがより開放的になる

吹抜けの高窓からリビング全体
にたっぷりの光が降り注ぐ

2階のピクチャーウインドウから
眺める山と川の風景。額縁で切り
取った一枚の写真のように見える
（撮影：垂見孔士）

外から中の様子を見られず、なおかつオープンエアの開放感も得られる中庭。カーテンのいらない暮らしは四季を通して快適そのもの。全開口タイプのサッシを開けると、ウッドデッキとつながり、内と外の一体感が生まれる

床、天井、梁のすべてに天然の無垢材を使って建てた和モダンスタイルの家。構造計算を行い、これだけ多くの窓を使いながら耐震等級3を取得。窓から見える景色もリビングの一部になった（撮影：大関正行）

コラム3
# 住宅ライターが建てた家

## 明日への活力が湧いてくる家

私が建てたのは、延床面積27坪のコンパクトな家です。私も妻も機能よりデザイン優先で、とにかくカッコよくて、おしゃれな家に住みたいと思っていました。

星の数ほどある住宅会社の中から私が選んだのは、完全自由設計と自然素材、レベルの高い標準仕様で有名な工務店です。取材を通して社長の人柄もセンスも知っていたので、プランはほぼ全面的にお任せしました。結果は、予想以上の仕上がりでした。例えて言うなら、腕のいい仕立て屋さんに「あなたに合うのはコレです」と言われて、「そうかなぁ」と疑いつつ袖を通したらぴったりだった、という感じです。さすが、私がリスペクトする住宅建築家です。

キューブ形の我が家の外壁は、グレーのＡＬＣパワーボード。妻がこだわった白いキッチンを中心にしたＬＤＫは、イタリアのリストランテをイメージしました。床は微かな凹凸が気持ちいい無垢材、壁は調湿・消臭に優れた漆喰です。スケルトンの鉄骨階段を上がると、子ども部屋、主寝室、浴室、そして私の仕事場（書斎）があります。

実は、私が最も気に入っているのが玄関ホールです。建物面積の割に贅沢なほど広くとってあり、大きなピクチャーウィンドウから視界が遠くへ抜けていきます。どんなに疲れて帰ってきても、この開放的な空間に癒やされます。

新築から6年が経ちましたが、いい感じに熟成してきました。ひとつだけ後悔しているのは、床にいろいろな樹種の無垢材を使いすぎたこと。つい欲張ってしまい、統一感がなくなってしまいました。でも、休日も出かけたくないほど居心地がいいし、「また明日から頑張ろう！」と思えるので、ローコスト住宅をキャンセルしてまで新築して本当によかったと思っています。

ダイニングと天井高を変え、リビングの天井に無垢板を張った

通称イナズマ階段。アイアンのフォルムが漆喰に美しく浮かび上がる

子ども部屋の壁の一部に、グリーンのクロスを貼ってアクセントを

# 住宅ライターが満を持して建てた家

累計3,000棟を取材してきた住宅ライターは、いったいどんな家を建てたのか？
包み隠さず公開します。家の満足度は「住みごこち」で決まりますが、
デザインがプラスされると、暮らしがもっと豊かになります。

イタリアンモダンをテーマにしたLDK。リビングの天井にスギ板を使い、アクセントを。無垢の床、漆喰はもちろん、L字形ソファ、ダイニングテーブルセット、AVボードも標準仕様。鏡面の輝きを放つ赤いリビングドアもお気に入り。ただ、階段の踏み板を黒にしたのはホコリが目立つため、後悔している

最もこだわったのが書斎。床は無垢のフレンチオーク、べんがら色の塗り壁は薩摩中霧島壁で、驚くべき調湿効果がある。天井まで届く本棚を造作

グレーのALC外壁と無垢板が程よく調和した外観デザイン。12連の格子窓は「文豪の住む家」をイメージ

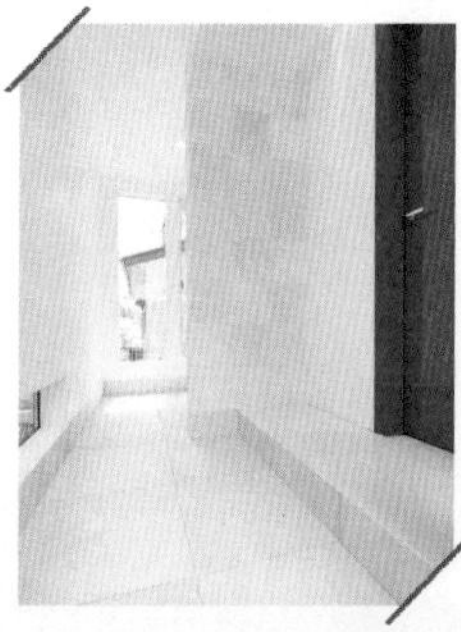

どんなに小さな家でも、玄関ホールだけは広い方がいいと住んでみて実感。600角のタイルと白い大理石が高級感を演出

1F

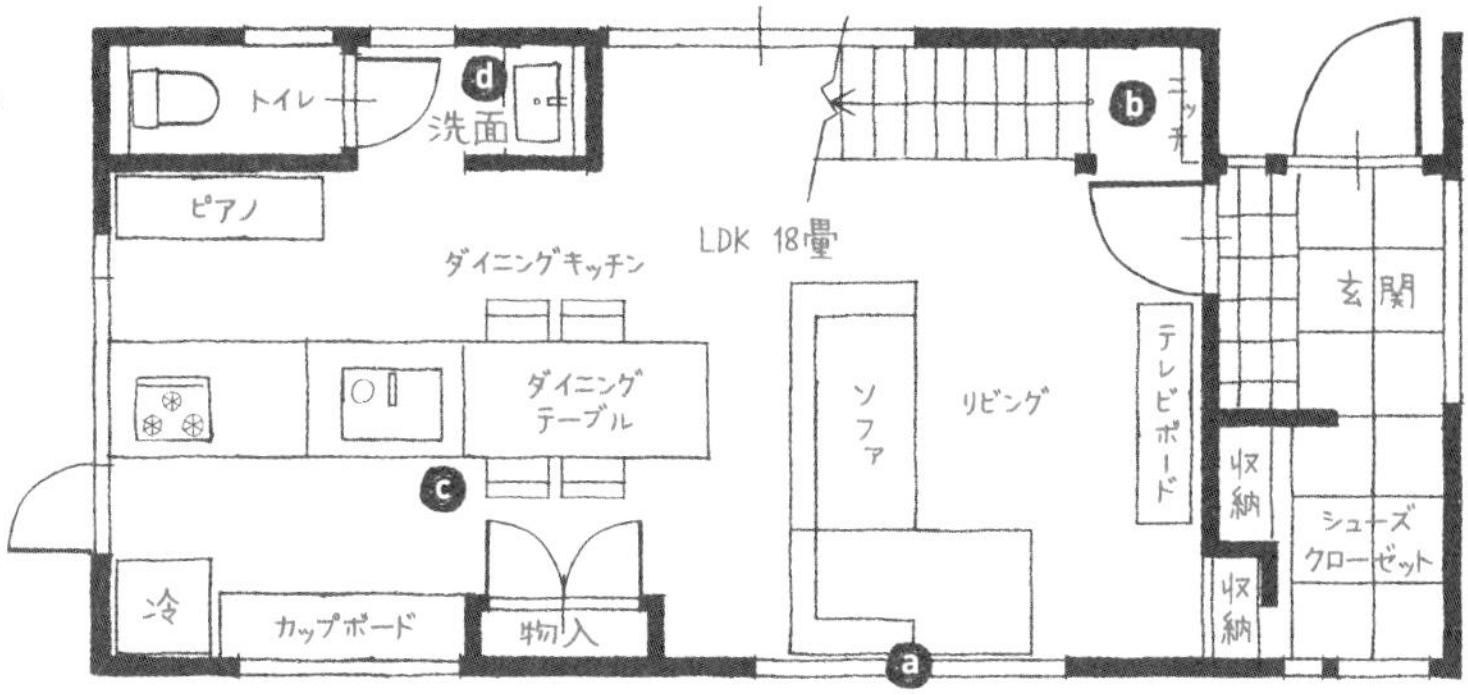


a 隣家が迫っているため、細い窓を高い位置に設置してプライバシーを確保
b 吹抜けは開放感が増す一方で、冷暖房効率が落ち、音も響く
c キッチンの床を10センチ下げて、ダイニングテーブルの高さに合わせた
d ホテルライクな洗面台でゲストをおもてなし

2F

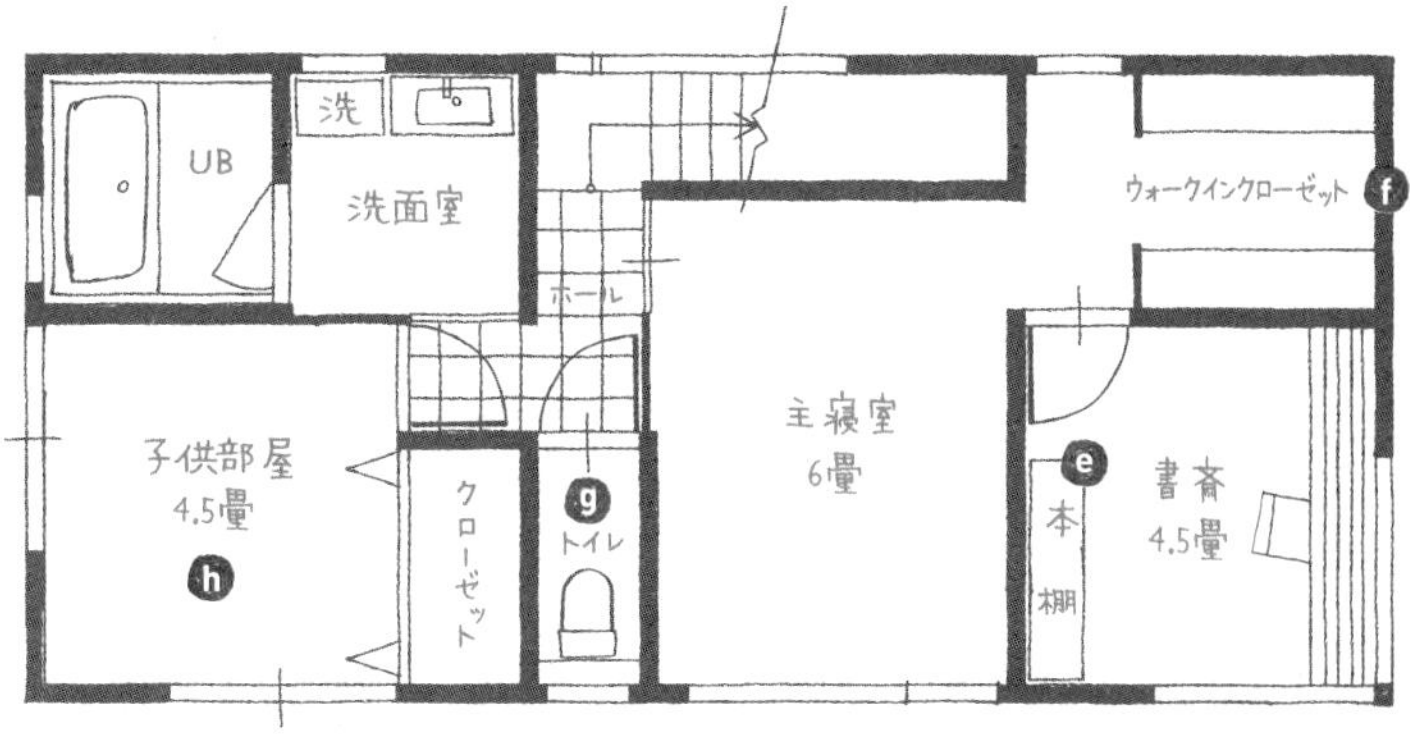


e 天井まで届く大容量の本棚を造作。敬愛する作家の著書がぎっしり
f 暗くて通気が悪いので、ここにも窓が1つ欲しかった
g トイレと洗面脱衣室の床は大理石。ラグジュアリーだけど、冬は冷たい
h この家で唯一日当たりがいい子ども部屋。でも、勉強は1階のダイニングで

設計・施工：納得住宅工房／敷地面積：116.07㎡（35.04坪）／延床面積：89.44㎡（27.00坪）（1階 43.89㎡ 2階 45.55㎡）
構造・工法：木造軸組工法／竣工：2014年2月／施工期間：6か月

Chapter

# 6

# やっぱり自然素材でしょ

今、世の中には有害物質に包まれた
息苦しい家がたくさんあります。
床は合板、壁はビニールクロスなど
接着剤を多用した新建材でできています。
喘息やアトピー体質の子どもが増えたのは
そんな家に住んでいるせいかもしれません。
自然素材のよさは、生きて呼吸していること。
やさしい肌触りや風合いも魅力です。
無垢の床、漆喰の塗り壁、和紙、石など
古くから日本の家で使われてきた素材を
上手に取り入れてみませんか。
少しぐらいの傷つきやすさは大目に見て
経年変化を楽しんでください。

## ⑤内装（床・壁・天井）

# 住まう人にやさしく、家も長持ちする無垢材

内装材に使う木は、天然の丸太をそのまま切り出した無垢材と、薄い板を接着剤で何枚か貼り合わせて作られた新建材の2種類があります。

私が自信を持ってお勧めするのは無垢材です。無垢材をふんだんに使って建てた家は空気がきれいで、森林浴気分を味わえます。前にも書きましたが、無垢材は伐採した後も強度が増しますし、調湿性にも優れています。

また、構造材によく使われるヒノキやスギから発せられる香り成分「フィトンチッド」が自律神経に作用して血圧を下げ、脈拍を安定させるという効果を有していると医学的にも認められています。肌触りのやさしい無垢材で作られた家は、精神的なストレスを和らげてくれるので、子どもも穏やかで素直な性格に育ちます。

「無垢材は高いし、手入れが大変で、メンテナンスも必要だからやめた方がいいですよ」という住宅会社の言葉に屈しないでください。香りが豊かで、肌触りも気持ちよくて、時とともに味わいを増していく無垢材。その効果と感触を知らないのは、炊きたての白いご飯の味を知らずに人生を終えるのと同じぐらいもったいないことだと思います。

## 健康寿命を延ばす無垢の木

埼玉の工務店の社長から興味深い話を聞きました。ある大学が発表したマウス実験報告書によると、木製、鉄製、コンクリート製の3種類の巣箱の中にマウスを入れて生存率を調べたところ、23日後、木製では85・1%生きていられたのに、鉄製では41・0%、コンクリート製に至ってはわずか6・9%しか生き残れなかったそうです。

私の友人の中にも、アパート暮らしの頃は食が細くて痩せていたペットの犬が、無垢材と自然素材でつくられた一軒家に引っ越した途端、モリモリと餌を食べて、元気いっぱい走り回るようになったと喜んでいる人がいます。

これはあくまでも私の推測ですが、こんな結果が出ているのは、人も動物もはるか昔から木に囲まれた環境で生活を営み、常に木に触れながら生きてきた証ではないでしょうか。呼吸する無垢材は、そこで暮らす人の心身に驚くほど優れた効果をもたらしているのだと思います。

日本は世界一の長寿国ですが、寝たきりの高齢者も少なくありません。無垢材をふんだんに使って、寒暖差のない暖かい家をみなさんが建てるようになれば、100歳まで現役で働き、遊び、学べる幸齢者が増えるのではないかと、そんな期待をしてしまいます。

## 夏は涼しく、冬は暖かい無垢材

さて、みなさんは新築のフローリングに無垢材と合板、どちらを使いますか？　合板は割れにくく、使いやすいというメリットはありますが、木片を貼り合わせるために接着剤を大量に使っています。この接着剤の成分にVOC（揮発性有機化合物）が含まれているのです。これが人体に悪影響を与え、シックハウス症候群の原因のひとつになると考えられています。だから、合板やビニールクロスだけでつくられたモデルハウスに行くと、目が痒くなったり、涙や鼻水、くしゃみが止まらなくなったりする人がいるのです。

一方、天然の丸太を切って加工する無垢材はまったくの無害。部屋の湿度によって水分を吸収・放出するので、室内の湿度を一定に保ってくれます。夏は素足でもベタつかず、冬はひんやりとした冷たさを感じさせない優れた材料です。

無垢材は感覚的に「ぬくもりがある」「暖かい」などと言われますが、実はしっかりと科学的に証明されています。素材特有の「熱の伝わりやすさ（熱伝導率）の違い」がポイント。この数値が無垢のスギは鉄の483分の1、コンクリートの15分の1です。なぜこんなに違うのかというと、木の細胞内の空気が熱を伝えにくくしているからです。鍋の取っ手が木製になっているのは、この特性を利用しているんですね。

## 床のキズやシミは味わいになる

デザインにこだわった住宅を取材して、私がときどき残念に思うのは、床に合板フローリングを

まだら模様が美しいアカシア。キズや汚れが目立たない

家にいながら森林浴気分を味わえる天然木づくしの家

合板フローリングは夏はベタつき、冬は冷たい

かた焼き煎餅色に変化していく無垢のスギ

張り、壁にビニールクロスを貼った家です。どうしてここまでお金をかけたのに、家族が集まるＬＤＫに石油化学製品を使うのでしょうか。建て主さんに聞けば、「無垢材は反ったり、隙間が空いたり、キズがつきやすくてメンテナンスが大変だから、やめた方がいいと住宅会社から説得されました」という声が多いのです。

それは、作り手側がクレームを回避するための口実にすぎません。確かに、無垢材は夏の間は湿気を吸って膨張します。冬は乾燥して収縮します。それによって、建具の締まり具合が変化するのも事実です。引き戸が開けづらくなったり、フローリングの隙間が広がることもあります。でも、それをデメリットと捉えるよりも、「木が生きている、呼吸している証」と受け止めてみてはどうですか、とプロなら提案してほしいですね。

床のキズや凹みは簡単に修復できます。子どもがおもちゃを落としてつけたキズ、食べ物をこぼしてつけてしまったシミは味わいとなり、家族の思い出とともに家も成長していくのです。

## 無垢フローリングの種類を知る

無垢材は、種類によって性質もコストもまったく違います。そこで、フローリングでよく使われる木の種類についてご説明します。一般的に、色が濃くて、節がなく、幅が広いほど高額です。オープンハウスにできるだけ多く足を運んで、実際に見比べてみましょう。

### *ヒノキ

日本を代表する高級木材。ヒノキ風呂に象徴されるように、芳醇で深い香りに癒やされます。記憶を司る海馬に刺激を与え、脳を活性化させるαピネンが出るとも言われます。

### *スギ

ヒノキと並ぶ人気の木材。見た目が美しく、肌触りも柔らかいので、赤ちゃんがハイハイしても大丈夫。もし私がもう一度新築するチャンスがあれば（多分ないですが）、絶対にスギを床に使います。あのやさしい肌触りがたまりません！

### *パイン（松の木）

スギと同じく、程よい柔らかさがここちいい無垢材。経年変化で独特な深みが出てきます。プロヴァンススタイルや北欧テイストの家を好む方に人気があります。

**＊オーク（ナラ）**

昔から船舶やウイスキーの樽に使われてきただけあって、高い耐久性と耐水性があります。木目に落ち着いた雰囲気があり、肌触りもよく、どんな家具にも合います。

**＊ウォールナット**

マホガニー、チークと並ぶ世界三大銘木のひとつ。濃い色合いで、シックな雰囲気に演出することができます。高級感があり、堅くて耐水性にも優れています。ダイニングテーブルや椅子も同じ素材で合わせると、部屋がぐっと引き立ちます。

**＊カバザクラ**

バーチとも呼ばれます。堅くて強度があり、色合いに差がないので、統一感のある仕上がりに。明るい色合いで、ナチュラルテイストの空間にオススメ。私だけかもしれませんが、カバザクラの床は美しい半面、腰や膝が疲れやすいです。

**＊クリ**

はっきりとした木目が特徴で、堅いのでキズが目立ちません。水回りにも最適です。

## 含水率の低い無垢材が強くて長持ちする

フローリングも、無垢材なら何でもいいという訳ではありません。木は、樹種によって強さが違い、同じ樹種でも、育った環境や成熟度、製材の部位、乾燥の度合いによって強度が変わってきます。

無垢材を使う際に大事なのは「含水率」です。含水率が低いほど強度が高く、木材の変形も少なくなります。無垢材は、含水率が30％を下回る頃から収縮し始めます。特に冬場は、エアコンや暖房器具で室内がかなり乾燥するので、天然乾燥または40～60℃の低温でゆっくりと時間をかけて、含水率を15～10％程度まで低下させてから使うべきだと言われます。ただ、含水率の低い強靭な無垢材は安定供給が難しい上、コストが高いこともあり、そこまでこだわっている住宅会社はあまり多くないのが現状です。

## 木の地産地消が子どもたちの未来の暮らしを守る

私が住宅ライターとして無垢材を推すのは、他にも理由があります。それは、地域の木を使って家を建てることが地域の森と水と空気を守り、地域の林業を活性化させ、さらに子どもたちの未来の暮らしを守ることにつながるからです。

日本の国土に占める森林面積の割合は、約70％にも達しています。それなのに、その森林資源は有効に使われておらず、木材の自給率は30％程度にとどまっているのです。人工林は、適切な手入れをしなければ死んでしまいます。植林・育林・伐採という再生産循環を継続することの重要性を多くの人に知ってもらいたいですね。

人間は寿命を終えると土に還りますが、木は伐り倒されてからも第二の人生が待っています。70年、100年と風雪に耐えてきて伐られ、製材され、住宅の部材として新しい人生を歩み始めます。地元の木をたくさん使った家を建て続けることが地元の森林を守り、環境保全につながるのです。子どもたちにその意義を理解してもらい、森林を活かすための林業の重要性を啓蒙しなければなりません。これは私も含めて、家づくりに関連する仕事に就いている人すべてに課されたミッションだと思います。

計画的に間伐、伐採、植林をして後世に遺すのはもちろん、山を整備することで森林を育み、環境を保全する。保水力を持った山は降った雨を海や川に流し、災害を軽減する

同じ木材でも、大工が伝統の手仕事を施すことで、より強く、見た目も美しくなる。木と会話し、適材適所を見極め、一本一本に匠の息吹を吹き込む

無垢材と自然素材を多用した家は、時間を経るごとに強度と風合いを増し、
ゆっくりと熟成しながら豊かな表情に変化していく

# 自然素材100%のスペイン漆喰

室内の壁紙にもいろいろあります。今、最も普及しているのがビニールクロスです。理由は単純。コストが安く、デザインが豊富で、工期も短縮できるから。でも、みなさん、ビニールクロスを火であぶるとどうなるか、ご存じですか？　真っ黒な煙がモウモウと出ます。火災が発生したとき、火で命を落とす人より、燃えた石油製品から出る煙に含まれる有害物質が原因で亡くなる人の方が多いそうです。

クロスを貼るためには大量の接着剤が必要ですし、防カビ剤、防腐剤、難燃剤などの有害な添加物もたくさん入っているので、健康に悪い影響を与えるのは当然でしょう。また、空気や湿気を通さないので、住宅の呼吸を止めてしまいます。

そんなクロスの代わりに使ってほしいのが「漆喰」です。

## 調湿性と殺菌性に優れた漆喰

漆喰は、古くからお城や蔵などの塗り壁材として使われてきました。吸放出性がとても高く、室内の湿度をバランスよく保つため、高温多湿な日本の気候風土にぴったりの塗り壁と言えるでしょう。無数の気孔が空気の層となり、外気温に影響されにくく、梅雨はサラッと、冬は潤いのある空気環境を保ちます。無垢の床とセットなら申し分ないですね。

この無数の気孔は脱臭効果も高いので、トイレや玄関でも役立ち、タバコやペットなどの不快なニオイも気にならなくなります。焼肉やお好み焼きのニオイも3時間後には80％、24時間後には90％以上消臭されます。

1階が無垢と漆喰、2階が合板とビニールクロスの家に取材に行くと、その違いが明確にわかります。梅雨どき、1階は涼しくて気持ちいいのに、2階に上がった瞬間、モワッと蒸し暑く、洗濯物の生乾きのニオイに顔をしかめたくなります。予算の都合もあるでしょうが、せっかく自然素材を使うなら、2階まで完璧にやりましょう。

また、漆喰には殺菌効果もあり、シックハウスの原因となる化学物質を吸収したり、ホルムアルデヒドを吸着・分解する作用も認められています。漆喰の土蔵で保管した文書がいつまでもきれいな状態を維持し続けていられるのは、この殺菌効果によるものです。

私も漆喰の家に住むようになってから気づいたのですが、漆喰はビニールクロスと違い、静電気を帯びない性質があるらしく、掃除機が吹き上げるホコリを寄せ付けません。

漆喰にも種類があります。１００％自然素材のスペイン漆喰は、一般的な漆喰や珪藻土《けいそうど》に使われている樹脂やセメントを一切含んでいないので、環境にやさしく、漆喰本来の調湿、脱臭機能を存分に発揮します。

さらに、漆喰には自浄作用もあります。飲み物が付着してもシミにならず、時間が経てば汚れが

我が家の書斎に塗った薩摩中霧島壁。色調やパターンのバリエーションも豊富。調湿・消臭効果が高く、加湿器も不要

室内の不快なニオイを消してくれる漆喰の塗り壁。職人さんの見事な手仕事により美しく仕上がる

徐々に薄くなっていきます。我が家は6年目ですが、ひび割れもほぼありません。

漆喰の施工は、いかにムラなく、平らに塗れるかが、左官職人さんの腕の見せどころ。つい最近、我が家でも汚れた漆喰を左官職人さんに塗り直してもらいました。コテを使って素早く、丁寧に塗っていく姿はまるで芸術家のようで、時間が経つのも忘れて見入ってしまいました。こんな素晴らしい日本の伝統技術を、どうか後世まで受け継いでいってほしいと切に願います。

# こんな自然素材もオススメです

## 薩摩中霧島壁《さつまなかきりしまかべ》

漆喰よりもさらに調湿、消臭、殺菌効果の高い塗り壁が薩摩中霧島壁です。天然の火山灰・白洲の珪酸質成分を主成分とし、100％自然素材だけを用いて開発された土壁。たばこやペットなどの臭いを30分以内に消臭するだけでなく、室内のマイナスイオン濃度を高める効果もあります。湿度を抑えることで体感温度も下がるので、年間を通して快適性が維持され、省エネにも貢献します。

こうした機能性だけでなく、テクスチャーとしての魅力も十分。砂サイズの粗い粒子から粘土サイズの微粒子までを含むため、塗面が均一にならず、他の土壁にはない、味わい深い表情を生み出せます。光を乱反射させることで生まれる優しい表情や陰影からは、室内にいながら自然の気配を感じることができます。カラーバリエーションも豊富で、外壁に使われる場合もあります。

## ルナファーザー

漆喰を塗りたいけど予算がない。けれど、ビニールクロスに妥協したくない。そんなあなたにお勧めしたいのがドイツ生まれのルナファーザーです。再生紙と木のチップでできた100%自然素材で、通気性や調湿性に優れ、結露やカビを抑えることもできます。ちょっと厚めの和紙のような肌触りで、表情も豊か。万一汚れたりキズがついたりしても、ビニールクロスのように貼り替える必要がなく、自分で重ね塗りできるのが特徴です。20年以上はもつので、長い目で見ればビニールクロスと費用は変わらないかもしれません。

## 天然イグサ畳

ライフスタイルの洋風化に伴い、和室を作らない家が増えましたが、畳の空間があるとやっぱり楽です。ゲストが泊まりに来たときの寝室になるし、子どもが熱を出したときの隔離部屋にもなります。イグサの香りには鎮静効果があり、心身をリラックスさせてくれます。それだけでなく、調湿効果もあり、湿度が高い時期は水分を吸収し、乾燥する時期は放出することで、お部屋の湿度調整をしてくれます。

## ホウ酸防蟻《ぼうぎ》処理剤

木造住宅の劣化の大きな要因は、「シロアリ」と「腐朽菌」です。そのため、建築基準法でも木造住宅は床下の防蟻または防腐処理を行うことが義務付けられています。

一般的な住宅の防蟻処理は、農薬系の薬剤が使われているため(効果は5年)、健康上のリスクとメンテナンス費用が問題になります。そこで、健康や空気環境に害がなく、半永久的に効果が続く

国産の天然イグサのやさしい香りと肌触りに癒やされる和室。
高い天井と低く抑えた障子のコントラストが美しすぎる(撮影:今西浩文)

間接照明がふんわりと照らす料亭の一室のような趣のある和室。
左手前の前室の壁は、粗めの質感が豊かな表情を作る薩摩中霧島壁

「ホウ酸防蟻処理剤」を使うことで、定期的な再施工も不要になります。人間はホウ酸を摂取しても、腎臓の浄化作用で体外に排出されるので無害ですが、腎臓を持たないシロアリにとっては有害で餓死します。

## 木の呼吸を妨げない天然オイル

家に木を使う最大の理由は、調湿性です。その特性を妨げないよう、床や建具の表面に、植物から生まれた天然成分の保護オイルを塗りましょう。一般的な塗料は塗膜を作るため、木の呼吸を止めますが、自然素材１００％の塗料は木に浸透するので呼吸ができ、調湿性を失わせません。

自然素材の家づくりにこだわる工務店がよく使うのが、「未晒《みさら》し蜜《みつ》ロウワックス」。原料は、昔から木の艶出し、番傘の防水に使われていた「一番搾りエゴマ油」と、紀州熊野を中心にとられた「国産の蜜ロウ」の2種類だけ。そのしっとりとした風合いが暮らしをやさしく包み込んでくれます。

### ●住宅ライターのおせっかい

自然素材の家は、実際に住んでいる私だから自信を持ってお勧めできます。肌触り、色、香り、経年変化、すべてにおいて満足しています。自分で手をかけながら大切に扱うと、より一層風合いが出てきて、自分の家に愛着が湧きますよ。

# Chapter 7

# 独断と偏見！間取り・設備のアドバイス

「いい家」というのは性能も材料もよく
それなりに予算も手間もかかります。
それでも、限られた予算の中で
満足できる家を建てたい方のために
私がこれまで取材してきた家で
「これはいい!」と思った間取りや動線
「自分なら次はこうする」と感じた
設備や外構などについて書きます。
もちろん、ここに書いたことすべてが
あなたにとっての正解ではありません。
私の経験を基にした主観的アドバイスです。
こうしなければいけないと思わずに
参考程度に読んでください。

# 外観・屋根形状

住まいの第一印象を決めるのが外観デザインです。みなさんも住宅雑誌やホームページの施工例を見て、真っ先に注目するポイントではないでしょうか。

多くの場合、建て主さんの好みを聞いた上で、設計士が屋根形状、カラー、素材、全体のプロポーションを提案して決定します。場所によっては建物の高さなどの法規制があるので注意が必要です。たとえば、大きな屋根を付けたことで、隣家の日当たりを著しく妨害することになっては、今後の近所付き合いにも悪影響を及ぼしかねません。

外観は住む人の好みとは言うものの、シンプルなデザインや色づかいだと飽きがこないし、年齢を重ねても落ち着けると思います。以前、高級住宅地に某著名人が建てた家の外壁が余りにも特徴的な色だったため、近隣住民から訴訟を起こされたこともありました。

設計士なら誰でも承知していることですが、外観デザインは周囲の街並みや景観に自然に溶け込むように考えるのが常識です。なおかつ、主張しすぎないけれども人とはちょっと違うデザインにする、それは設計士のスキル次第ということになります。

左ページに代表的な屋根形状のイラストを載せてみました。どの屋根にも一長一短があるので、設計士とよく相談してから決めてください。

# 代表的な6つの屋根形状　その長所と短所

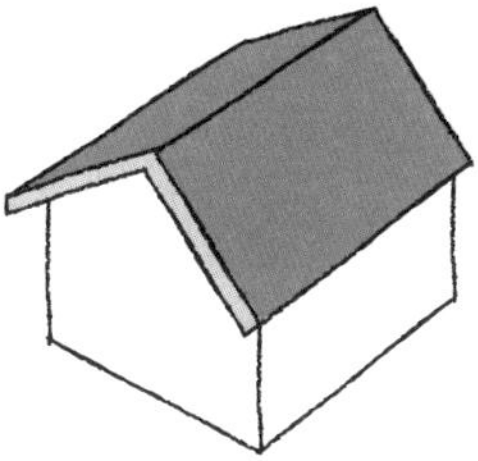

## 切妻屋根
（きりづまやね）

**三角屋根とも呼ばれる代表的な屋根**
コストを抑えられる。左右に傾斜があるので雨・雪に強い
×デザイン性に乏しい

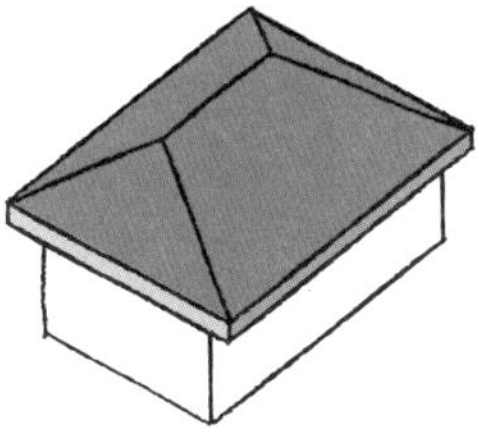

## 寄棟屋根
（よせむねやね）

**四方向に傾斜があり立体的**
デザイン性が高い。雨・風に強い
×切妻屋根よりもコストが高い

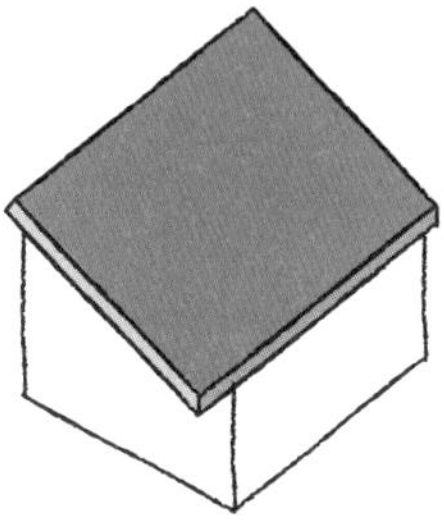

## 片流れ屋根
（かたながれやね）

**一方向にのみ傾斜がある屋根**
コストを抑えられる。太陽光発電に向いている
×一斜面で受ける雨量が多いので、雨漏り対策の設計が必要

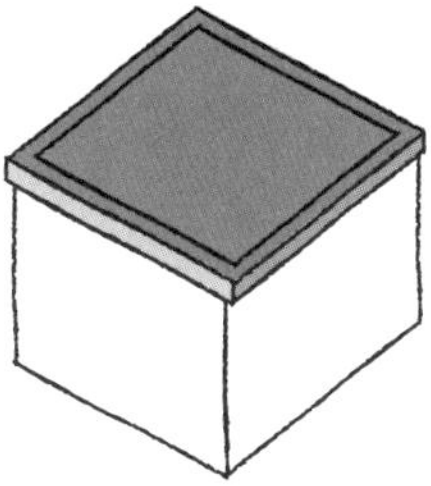

## 陸屋根
（りくやね）

**傾斜のないフラットな屋根**
屋上としてスペースを有効利用できる。デザイン性が高い
×軒がないので、夏の直射が暑い
メンテナンス費用が高め

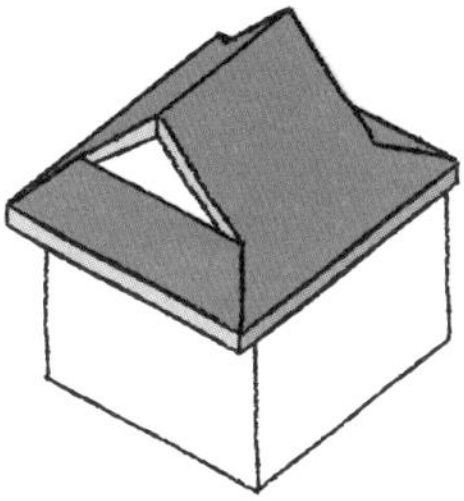

## 入母屋屋根
（いりもややね）

**上部が切妻屋根、下部は寄棟屋根**
重厚なデザインで高級感がある
×構造が複雑なため比較的コスト高

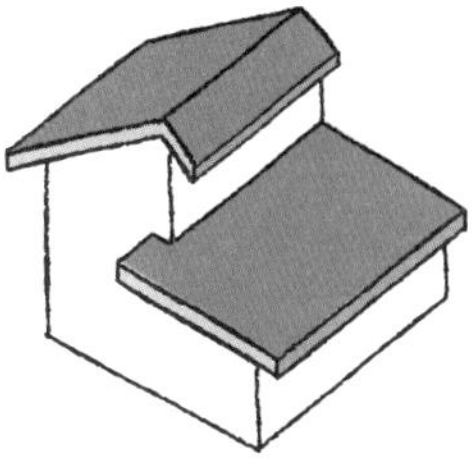

## 招き屋根
（まねきやね）

**切妻の片方を長くし、もう一方を短くした屋根**
デザイン性が高い。太陽光発電に向いている
×雨漏り対策をしっかり行わないとリスクが高まる

# 玄関

玄関は、単なる出入口ではありません。お客さまをお迎えする応接の役割も果たす重要な場所です。それだけに、玄関にはお金をかけてほしいと思います。アパートのように玄関が暗くて狭いと、帰ってきたときに気持ちが沈みませんか？　できれば、大きめのピクチャーウインドウを設置して、視線の先にシンボルツリーが見えるといいですね。

収納スペースも多めに確保してください。玄関ホールから近い場所に、子どもたちのランドセルや学校用具をしまえる棚があると便利です。最近はランドセルの中身も重いので、２階の子ども部屋から行ったり来たりするのは大変です。また、昔ながらの土間玄関なら、自転車やガーデニンググッズなど、土がついたものでも気にせず置いておけますね。

もうひとつ、私が提案したいのが木製のベンチ。これがあると、両親や祖父母が遊びに来たときにとても助かります。小さな子どもが自分で靴を履いたり、奥さまがお気に入りのブーツを履くときもストレスが軽減されますよ。手すりも付けておきましょう。

さらに、ちょっとしたしつらえができるニッチ（棚）があると、四季折々の花や絵を飾って、暮らしを楽しむことができます。玄関が美しいと、家全体の雰囲気が変わります。

意外と忘れがちなのが自転車置き場。屋根のある自転車専用のスペースがあると重宝する

下屋のある玄関ポーチは、雨の日もストレスフリー。軒天を無垢材で作ればより風情が出る

土間のある玄関ホール。目線が抜けることでより開放感が増す。ニッチやシューズクロークの上に花や絵画を飾って季節感を楽しもう

モルタル仕上げの土間玄関。リビングにもキッチンにもアクセスしやすく、奥さまの家事負担を軽減

# リビング

リビングは暮らしの中心となる場所であり、家の核となります。いつも家族が自然に集まり、今日あった出来事を語り合うような笑顔の絶えない空間になるといいですね。

ただ、インターネットの普及によって、リビングは昔のように家族でテレビやDVDを観るだけの空間ではなく、仕事や勉強やゲームをする多目的スペースとなりました。ご主人はノートパソコンで仕事、奥さまはスマホでLINE、子どもはタブレットで宿題というシーンもあるでしょう。そんなときでも、それぞれの個室にこもらず、家族がリビングに集うためには、「主張しすぎない緩やかな仕切り」が必要です。たとえば、リビングとダイニングの間にわずかな段差を作って視線をずらす。そうすることで、家族みんなが同じ空間にいながら別のことをしていても気にならず、コミュニケーションも増えます。AI音声サービスの「アレクサ」などの最先端デジタル技術を導入すると、個々の空間や時間が強くなりすぎるので、家族の距離感や動線を考えた設計をしてもらいましょう。

## 広く感じる間取りの工夫

たとえ面積が小さくても、間取りを工夫することによってリビングを広く感じさせることができます。そのひとつが、天井の高低差で抑揚をつけること。多くの人が「天井は高い方がいい」と思うようです。確かに天井が高い方が広く感じられますが、玄関からリビング、ダイニング、キッチン、寝室に至るまで、全部高くなっていると目が慣れてしまって高いと感じなくなります。玄関はやや低めに抑え、室内に進むにつれて高くなっていくように、建築は高低差があって初めて、高いところを高いと感じられるのです。これは、近代建築の三大巨匠の一人、フランク・ロイド・ライトの作品群の特徴でもあります。

リビングとダイニングの天井高を変えたり、吹抜けの代わりに勾配天井にしたり、最近はリビングの床をダイニングから下げることで、ゾーン分けする家も増えてきました。

短い階段で半地下、1階、1・5階、2階をつなぐ多層階のスキップフロアもいいですね。視線が対角線上に延びるので、実面積以上の開放感と家族のつながりを感じます。

もうひとつの工夫は、境界を曖昧にすることです。たとえば、リビングに大開口サッシを採用してウッドデッキとつなぎ、庭の景色も家の一部にしてしまうのです。刻々と変化する太陽の光、雨の音、土の匂いを感じることができるだけでなく、床と同じ高さのウッドデッキが続くことで、アウトドアリビングとしてさまざまな過ごし方ができます。

外と内をつなぐ土間リビングは、暮らしの楽しみ方を広げてくれる。
照明もダウンライトだけに抑え、リラックス効果を高める（撮影：今西浩文）

リビングとダイニングの天井高を変え、小上がりの畳コーナーを設けたことで、空間にメリハリが生まれた。現しの梁が白い空間のアクセントに

薪ストーブ一台あれば、冬でも薄着で過ごすことができる。たまにはテレビやスマホを消して、炎を眺めながら家族で語り合おう。吹抜けにすることで暖気が上昇し、家全体が暖まる

お母さんに「ただいま」を言ってから2階に上がるリビング階段。友達の顔もわかるので安心できる。ちなみに、階段を美しく作る工務店は大工の腕もピカイチと信じていい

## リビング階段

子どもが帰宅してリビングに顔を出さずに、2階の個室にスーッとこもってしまわないよう、リビング内に階段を作る家が多いですね。階段の上り下りの足音は、子どもの心の打楽器。落ち込んでいる日、いいことがあった日、子どもの足音がわかる位置に階段があると安心しますよね。ただ、気をつけたいのは階段の上が吹抜けになるため、冷暖房効率が落ちてしまう恐れがあること。断熱、気密性能を上げて、ロールカーテンを付けるなど、暑さ、寒さ対策をしてください。

親子の信頼関係がしっかり築けていれば、階段はどこに作っても関係ないというのが私の持論ではありますが……。

## 薪ストーブ

薪ストーブは、スローライフを実現するための第一歩です。スマホ、パソコン、テレビゲーム……忙しす

ぎる現代社会で、たまにはゆっくりと時間を忘れて、一家団欒の時間を持ちませんか。薪の爆《は》ぜる音、ゆらめく炎を家族で見つめ、自らの手で薪をくべる。炎とともに暮らすことで、五感を通して心が癒やされます。特に男性は憧れますよね。

木質ペレットを燃料とするペレットストーブは、薪ストーブよりも安価で手入れも楽々。煙を出さず、灰も少ないので環境にやさしいのですが、電気は使います。我が家も導入を考えた時期があったのですが、設置したい場所にコンセントがなかったので諦めました。ただ、薪ストーブがお風呂なら、ペレットストーブはシャワーに例えられるほど、暖かさに差があると言う人もいます。特に寒がりの人には不向きかもしれません。

## 床暖房

床からの輻射熱《ふくしゃねつ》が壁や天井に反射し、部屋全体を暖めてくれる床暖房。私の友人が床暖房を入れていますが、ほんのり暖かくて、お尻に根っこが生えそうなほど気持ちいいです。

エアコンのように風を起こさないので乾燥しづらく、加湿の必要もないので結露やカビも防ぐことができます。火も使わないので、高齢者やお子さんがいる家庭も安心ですね。

床暖房には電気ヒーター式と温水循環式（ガス）の2種類がありますが、広い範囲で使うのであればガス式、一か所なら電気ヒーター式がいいようです。

ネックとなるのが費用。設置するときの初期費用、使い始めてからの電気代はエアコンよりも高いです。また、ガス式床暖房の耐用年数は30年と言われており、建て主さんがちょうど高齢になった頃に取り替え費用がかかります。床は無垢材でも対応できます。

## 吹抜け

ダイナミックな吹抜けのリビングに憧れている人も多いと思います。リビングに入ったときの開放感が違うし、1階と2階のコミュニケーションもスムーズ。高い窓から見える青空と白い雲に癒やされますね。断熱・気密性能さえしっかりしていれば、どんなに大きな吹抜けがあっても上下階で温度差がなく、夏も冬も快適に過ごすことができます。

デメリットは、音が響くこと。ご主人が夜遅く帰ってきて、ダイニングでテレビのニュースを見ながら食事していると、2階の寝室で寝ていた奥さまがうるさくて起きてしまうという話もときどき聞きます。ご主人、テレビのボリュームは小さめに。

# ダイニング

朝は、お母さんが作る味噌汁の香りが漂うダイニングで、「おはよう」と家族が集まって朝食を囲みます。夜は、会社で一生懸命働いたお父さんが食卓でビールを飲むのを楽しみに帰ってきます。子どもたちは、今日学校であった出来事を嬉しそうに話します。

ダイニングは一日のスタートになる場所であり、一日を終える場所でもあります。だからこそ、家族みんなが料理と楽しい会話をシェアできるよう、気持ちよく過ごせる空間にしたいものです。

## 朝日がさんさんと降り注ぐ東側に

慌ただしい日々の中、朝、家族が顔を合わせて食卓につくときぐらいは、電気をつけずに明るい空間で食事をしたいですよね。人間の身体は、朝日を浴びることでスイッチがオンになるようにできているのです。だから、ダイニングはできるだけ朝日が差し込む東側に配置しましょう。四方向を建物に囲まれた我が家は、朝から電気をつけています。もう少し土地が広ければ、天窓や中庭を設けるなどして、採光対策を打てたのですが。

キッチンは壁付けにして、ダイニングテーブルを大きくした。子どもとお菓子を作ったり、そば打ちやパン作りを楽しみたい人にオススメ

キッチンのすぐそばにスタディコーナーを造作。奥さまは夕飯の準備をしながら宿題を見てあげられるので、子どもはママに見守られている安心感があり、勉強に集中できる

キッチンの真横にダイニングテーブルを配置。そうすることで、配膳もお片づけもしやすくなり、奥さまの家事時間を大幅に短縮できる

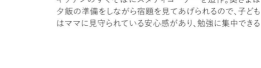

## 家具と照明にこだわって

このようにダイニングは大事な空間なので、家具と照明にもこだわってほしいと思います。ダイニングテーブルは床の色や質感に合わせて選んだり、キッチンと同じ色にしたりする方もいます。椅子は長時間座っても疲れにくく、耐久性の高いものを選んでください。長い期間使い続けるものなので、劣化しやすい安いテーブルや椅子を購入してしまうと、結局何度も買い直すことになります。

照明は好みですが、ペンダントライトはすぐにホコリが溜まるので、掃除が得意な方向けです。コードの長さを自由に変えられるものを選ぶのは言うまでもありません。

## キッチンの横にレイアウト

ダイニングテーブルをキッチンの向かいではなく、真横に配置しませんか。こうすることで、いちいち回り込む手間が省け、配膳や片付けもしやすくなります。

見た目の美しさにこだわるなら、キッチンの床を下げて、高さをダイニングテーブルに合わせてみてはどうでしょう。費用はかかりますが、キッチンに立つ人とダイニングテーブルに着席した家族の目線が同じ高さになり、会話もより弾みます。

キッチンの横、あるいはダイニングテーブルの床にコンセントを付けるのもお忘れなく。鍋料理や鉄板焼きをするときに延長コードがいらないため、便利です。

## ダイニング学習のススメ

子どもが自分の部屋ではなく、家族が食事をするダイニングテーブルや、キッチンから近いカウンターで勉強するスタイルがすっかり定着してきましたね。私が取材で伺うお宅でも、8割以上のお子さんが「ダイニング学習」をしています。親御さんは「勉強の進み具合がわかっていい」と手応えを感じているようですが、子どもにとってはどんなメリットがあるのでしょうか？

第一に、ダイニング学習は、勉強を始めるまでのハードルを低くしてくれます。帰宅後、自分の部屋で勉強しようとすると、電気をつけたり、エアコンをつけたり、やらなければならないことが多く、どんどん億劫になります。一方で、家族がいるダイニングは、テーブルの上に学習道具を広げるだけ。すぐに勉強を始めることができ、それが習慣になれば時間も有効に使えます。

次に、親がそばにいるので、勉強中に疑問があればすぐに聞けます。たとえ勉強に関係のない話題でも、いつでも話ができる環境は子どもにとって安心感につながります。兄弟がテレビを見ていたり、ゲームをする音がうるさかったりする場合もあるでしょうが、そんな雑音も気にならない集中力がつき、受験本番に強い子どもになるような気もします。

「消しゴムのカスが気になっちゃって」と苦笑いする奥さまもいましたが、家族みんなが集う場所で、自分で準備して学習を始め、終わったら片付けることは、自立の第一歩にもつながります。

# ⑥ 設備仕様

## キッチン

### キッチンはインテリアの主役

キッチンは、ただ調理をするための場所ではなく、もはやインテリアの主役と言えるでしょう。奥さまが打ち合わせをいちばん楽しみにしているのもキッチンだと思います。

最近はキズや熱に強いセラミックトップのキッチンが流行りですが、レストランの厨房のようなオールステンレスや、カッコいいモルタル造りのキッチンも見かけます。また、木とアイアンを組み合わせたフレームキッチン、「見せる収納棚」にかわいい雑貨を並べたカフェスタイルのオープンキッチンも多いですね。

アイランドキッチンに憧れる方も多いでしょうが、覚悟が必要です。リビングから丸見えになるので、毎日のお手入れが苦にならないという人には向いています。油が飛び跳ねるので、せめてコンロの前は透明な壁を作っておきましょう。

私が以前取材して「あ、いいなぁ」と思ったのは、キッチンが壁付けで、作業台が別になっているタイプ。そこで、娘さんとケーキを作るのが趣味という奥さまの笑顔が印象に残っています。他には、コの字形、L字形のキッチンも作業がしやすそうです。

ここだけの話ですが、ちょっとした既製品のシステムキッチンを買うより、工務店に特注製作してもらった方が安上がりになる場合もあります。オーダーメイドですから、使う人の体格や使い勝手に合わせてもらえるので、きっと気に入ると思いますよ。

## 収納は多めに

キッチンは、調理のしやすさや片付けやすさなど、機能性が求められる空間です。物があふれるので、収納をどうするのかがポイント。食器棚を充実させるのはもちろんですが、勝手口とキッチンの間にパントリーを作るべきでしょう。防災用の非常食やビールのケース、お米、ペットフードなどもここにまとめて収納できます。

私の妻が後悔しているのは、予算をケチって食器洗い乾燥機（食洗機）を付けなかったこと。「迷ったときはやめておく」が彼女の信条ですが、これだけは失敗したと今でも愚痴をこぼしています。

楽をしたいからではなく、洗った食器を乾かすための置き場所が足りないんですね。隠す場所がないため、不意にお客さまが来たときはパニックになります。みなさん、食洗機はあった方がいいですよ。「ミーレ」や「ガゲナウ」といったドイツ製の食洗機は高いけれど、デザインはカッコいいし、大容量で使いやすいと好評です。

コンロとシンクを別々にしたセパレート型キッチン。複数人でも料理しやすく、移動距離が短いので効率もアップ。天井に木の格子を貼ってアクセントを（撮影：廣瀬貴礼）

空間に合わせて、真っ白で統一したキッチン。床を10センチ下げて、ダイニングと高さを合わせた。料理しながら家族と目線の高さが合うので、会話が自然と弾む

カフェスタイルのオープンキッチン。見せる収納、タイル、カウンター、照明など、ディテールにまでこだわって（撮影：Ohana）

工務店オリジナルの造作キッチン。ワークトップがこんなに広いと作業効率もグーンとアップ！
キッチンの背面にマガジンラックを作ることで、子どもがいつでも本を手にとり、自然に読書好きになっていく

## キッチンと外とのつながり

家族の様子が見える位置にキッチンを配置するのはもちろんですが、テラスや中庭が近くにあると、BBQやホームパーティの準備も楽になります。大人が数人入っても窮屈にならないよう、キッチンの作業スペースにゆとりを持たせることもお忘れなく。

また、キッチンの背面にマガジンラックを造作すれば、いつでも子どもが本をとりやすくなり、ちょっとしたファミリーライブラリーにもなります。

いずれにせよ、キッチンは使う人の好きなように整えてあげることが大事です。夢や憧れがカタチになると、料理に向かうモチベーションも違ってくるそうですよ！

# 洗面室

## 脱衣室と分けましょう

洗面室は、家族全員が毎日頻繁に使う場所です。なるべく広く、ゆったりとスペースを確保しておきたいですね。女性が多い家族だと、使用時間が長いはずなので、洗面ボウルを2つ設けたり、鏡をワイド型にしておくとストレスが減ります。

タオルや洗剤、シャンプーのストックなど、収納を多めに作ることも大切です。ぜひ参考にしてほしいのが、家族全員の下着やパジャマを個別に収納できるロッカー。これがあると、お風呂上がりに子どもが裸のままリビングをウロウロすることもなくなります。

そして、洗面室と脱衣室は必ず分けるようにしてください。分かれていない場合、誰かが入浴していると中に入れなくなり、歯を磨くこともできないし、手も洗えません。

また、洗面室は暗い北側に作ることが多いと思うので、高い位置に細長い窓を設けて光を取り込むようにしましょう。洗面室が明るいと、朝からテンションも上がります。

スペースに余裕があれば、アイロン台のコーナーを設けるといいですね。洗う・干す・乾かす・アイロンがけ・しまうが一か所で完結でき、家事時間を大幅に短縮できます。

女子率が高い家は、深底の洗面ボウルが2つあると朝の「渋滞」も解消。鏡との間に水はね防止のタイルを貼って、カビを防ぐ配慮も（撮影：垂見孔士）

洗面脱衣室から物干し用のウッドデッキ、さらに浴室へと行き止まりなしでつながる動線。フェンスで目隠しされているので安心

主寝室からウォークスルークローゼット（アイロン台付き）、ランドリールーム、洗面脱衣室、浴室へと一直線につながる動線

造作の収納チェスト。家族それぞれの下着やパジャマを収納できて、アイロン台は開閉式。移動距離が短く、奥さまも大助かり

# トイレ

## 引き戸と手すりを付けておく

設備仕様の中でもトイレは優先順位が低いかもしれませんが、年齢を重ねるほど使用頻度が高くなるので、慎重に考えてください。開けたときに人にぶつからないよう、入口は引き戸の方がいいですね。将来に備えて手すりも最初から設置しておきましょう。

タンクレスのトイレはデザインがカッコいい半面、停電すると厄介です。なので、2つのうちひとつはタンク付きトイレにしましょう。それにしても、年に何度も来ないのに、来客用のトイレを豪華にするのが一般的なのはどうしてなんでしょう？　家族が毎日頻繁に使う方のトイレこそ高性能にすべきではないか、と思うのは私だけでしょうか。

## 照明の位置に注意

デザイナーズ住宅を取材したときのこと。トイレの照明が空間の中央ではなく、足元を照らしていました。それにはちゃんとした理由があったのです。中央に設置すると、夜中にトイレに行ったときに目が冴えて、その後眠れなくなる可能性があるからだそうです。

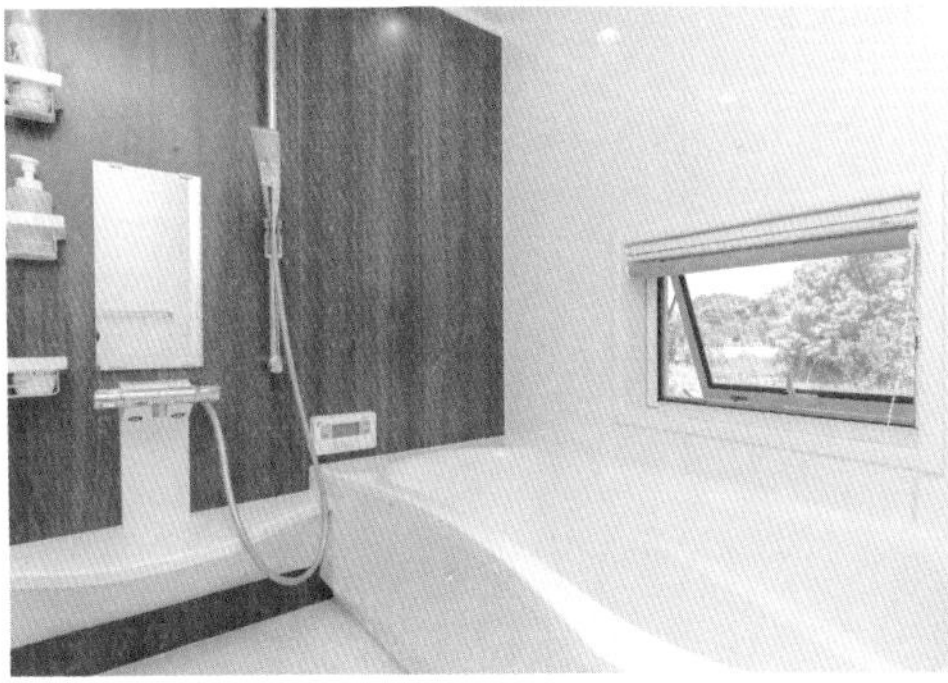

低い位置に窓を設置することで、水滴が蒸発しやすく、カビが生えにくくなる。湯船に浸かりながら景色が見えるのも気持ちいい

無垢のスギに包まれて、リラックスできるトイレ。小便器併設で掃除もラクラク。スペースに余裕があれば、ぜひ取り入れたい（撮影：垂見孔士）

### 懐かしの小便器

最近ほとんど見なくなった男性専用の小便器。これがあると、男性は汚すリスクが減って気が楽だし、掃除も楽になります。ある建て主さんは、ご主人が大のお祭り好きで、準備期間中からしょっちゅう人が集まってお酒を振る舞うことが多いという理由で、小便器を併設しました。おかげで、奥さまは掃除の負担が減ったと喜んでいました。

## 浴室

### 低い位置の大きな窓がカビを軽減

玄関、キッチンと並んで、アパートと一戸建ての大きな違いに広い浴室があります。掃除の手軽さからユニットバスが主流ですが、床から浴室の下半分

は工場で組み立て、壁と上部分は自由にデザインできるというハーフユニットバスも人気です。たとえば、壁と天井にヒノキを張ったり、天窓を設置したりすると、贅沢な気分を味わえます。最近はスピーカー内蔵のユニットバスも標準化されていますね。

浴室のいちばんの悩みはカビです。使用後に速やかに水蒸気や湯気を排出させるためには、換気扇だけ回しても効果は望めません。**低い位置の大きな窓が有効です。**浴槽から20センチ高い位置に大きめの窓を付けると、抜けやすくなります。その窓からライトアップされた坪庭の紅葉が見えると、露天風呂気分を味わえるかもしれません。

お風呂掃除は億劫ですが、一級整理収納アドバイザーに聞いたところ、毎晩最後に浴室を使った人が、身体を洗ったタオルで浴槽と壁を拭くだけでも十分だそうです。

# 寝室

## 絨毯の床でホテルライクに

トイレと浴室以外の床は、全室無垢材にすべきだと私は思うのですが、寝室だけは上質な絨毯を敷き詰めてみるのもいいと思います。ホテルのような非日常感を味わえて、ゆったりと落ち着いた気持ちで過ごせます。天井も低めにした方が落ち着きますよ。

本棚でクローゼットと間仕切りした寝室

主寝室内に書斎やパウダールームを併設し、自分だけの時間を楽しむ

## 収納はウォークスルータイプに

寝室内に夫婦のクローゼットを作る方も多いと思いますが、入口が2か所あるウォークスルークローゼットだと、整理整頓しやすくて便利。壁はキリ材がオスメ。きものの桐ダンスの原理です。

## 読書灯が欲しい！

一日のうちに、短くてもいいので、自分の好きなことをできる時間があると、疲労やストレスの量も違ってきます。たとえば、お風呂に長く入るとか、週1回ジムに行くとか。そういうルーティンを持つことで心身のバランスを保つことができ、自分を見失わずに済むような気がします。私の場合は寝る前の読書。どんなに疲れていても本を読みたいのですが、寝室に読書灯を付けるのを忘れたので、仕方なく書斎で読んでいます。

収納兼用の階段を上がればロフトにつながる。子どもの自主性が養われるアイデア空間

子どもが小さいうちはワンルームの遊び場として、大きくなったら間仕切りできるようにフランクなつくりに

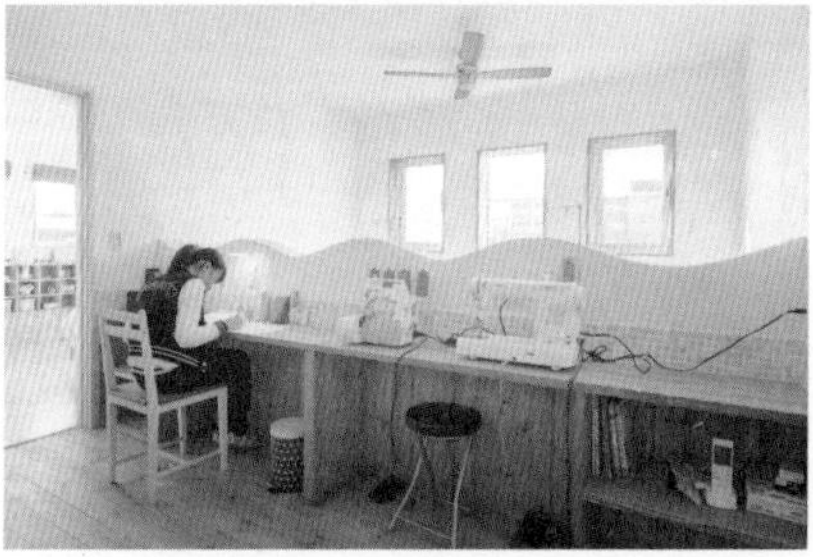

2階のフリースペースに設けた家族共有のカウンターでお勉強。吹抜けに面しているので1階の気配もわかる

# 子ども部屋

## あえて居心地の悪い空間にする

子ども部屋は、少々居心地が悪いぐらいの方がよいのではないでしょうか。快適すぎると、個室にこもってしまい、1階のリビングに下りてこないようになるからです。4畳半でも十分だと思いますよ。部屋が広いと友達がしょっちゅう遊びに来て、おもちゃなどで散らかりやすくなります。寝るためだけの部屋にしてもいいというのが私の考えです。ちなみに私は遠い昔、2畳の子ども部屋で高校受験を乗り切りました(さすがに狭かった!)。狭い空間を有効に使いたい場合、ロフトを設けて、その下に学習机を置いてもいいですね。

小学生の頃はダイニングで勉強しても、受験を控えた中学生になると、個室で勉強したいと言い出す子どももいるでしょう。それでも、子ども部屋を使

ベッドで緩やかに間仕切りされた仲良し兄弟の子ども部屋。
思春期を迎えたら、完全個室にすることも可能

うのはせいぜい高校を卒業するまでの6年間です。将来、他の用途に対応できるよう、単独の部屋として作り込まない方が無難だと思います。

## 取り外し可能な間仕切りに

子どもが小さいうちは共有し、思春期になったら間仕切り壁を入れてひとつの部屋を2つの完全個室にするという家も多いです。ドアもあらかじめ2つ付けています。本棚やベッドなどで緩やかに間仕切りしてもいいと思います。子どもたちが独立した後は壁を取り払って、夫婦の寝室にしたり、趣味部屋にしてもいいですね。子どもが男女の場合は、最初から二間にしておいた方が合理的です。

取材でときどき聞く話ですが、家づくりの最中に奥さまが2人目の子どもを妊娠され、しかも双子と判明。子ども部屋が足りなくなり、急遽図面を描き直すというケースもあります。幸せなハプニングですけどね。

# 収納の考え方

## 収納は延床面積の15～20％が理想

某住宅雑誌が実施した、注文住宅を建てた人の「間取りで失敗したランキング」のアンケート調査によると、1位収納（31・6％）、2位配線計画（28・6％）、3位部屋の広さ（21・8％）となっていました。いずれも住んでみないとわからない事柄ですが、収納への不満は群を抜いて多いようです。

快適に暮らすために収納は必須なので、延床面積の15～20％は確保したいもの。多ければいいということではなく、「使いやすさ」が重要です。しまってある場所と使いたい場所が離れていると、取り出すのも面倒ですよね。**用途に合わせて、使う場所にいちばん近いところに分散させる、**これが収納の鉄則です。

家族が集まる機会のいちばん多いリビングは、家中で最も汚れやすい場所でもあります。子どもが勉強道具やおもちゃを広げることも多いでしょう。リビングに勉強道具を収納できるスペースや、小上がりの畳コーナーの下部におもちゃを片付けられるスペースがあれば、常にリビングがスッキリします。

キッチンと家事コーナーの間に設けたパントリー。家で仕事をしながら家事・子育てをする奥さまにピッタリ

平屋の片流れ屋根の部分を活かしたロフト。ヒノキの香りに癒やされながら、天窓から星空を眺めることもできる

靴だけでなく、外着、ゴルフバッグ、スリッパ、縄跳びなど、室内に持ち込みたくない物を収納できる玄関ホール

## 収納の奥行きはなるべく浅く

パントリーで気をつけたいのは、棚の奥行きをなるべく浅くすること。奥行きが深いと、詰め込みすぎて奥の物を取り出しにくくなるからです。ただ、下の方はできるだけ大きめに開けておくと、お米や箱買いした野菜、ビールなど、かさばる物をストックしておけます。

## 小屋裏

屋根の三角の部分を有効活用した収納スペース。小屋裏は高さ1・4メートル以内と決められていて、固定資産税の対象にならないボーナス空間と言えるでしょう。

雛人形や五月人形、クリスマスツリー、アルバム、来客用の布団など、日常的に使わない物の収納に便利。十分な広さがとれるので、ご主人の隠れ家的書斎や子どもたちの秘密基地にもなります。ハシゴではなく、階段の方が安全で普段使いしやすいです。

# 庭・屋上庭園

## 家にいながら四季を感じる

土をいじり、植物と戯れ、庭を愛でるスローな暮らしは、一戸建て住宅ならではの特権。ささやかな庭での出来事が、食卓の会話を弾ませます。ウッドフェンスで囲めば、外からの視線をカットしつつ、BBQやプールなどを楽しめます。水栓を付けるのもお忘れなく。

また、中庭は交通量の多い立地や住宅密集地など、南面に大きな窓を付けられない家にも最適です。上空から万遍なく光が降り注ぐので、プライバシーを確保しながら、明るくて快適な住空間が叶います。二世帯住宅の場合、程よい緩衝帯にもなりますね。

## 眺望豊かなセカンドリビング

土地が狭くて庭がとれない、でもどうしても自宅でBBQがしたい。そんな人は屋上庭園という方法があります。視線を遮りながら、360度のパノラマビューを楽しめます。グランピングやホームシアターも可能。ただし、排水路の確保だけは抜かりなく。人智を超えた局地的豪雨などにより、排水の行き場がなくなると、室内に入り込む恐れがあります。

建築家の設計による、外は閉じ、中に開いた邸宅。中庭のある家はプライバシーを守りつつ、カーテンのいらない開放的な暮らしを楽しめる（撮影：中村絵）

木を植えた庭があると、季節ごとの光や風、匂いに敏感になる。野鳥や虫たちも遊びにやってきて、子どもの観察眼も養われる

住宅密集地や狭小地など、外に庭を確保しにくい場合にお勧めしたい屋上庭園。プライバシーを保ちつつ、BBQやプール、天体観測も楽しめる

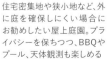

# 二世帯住宅

## つかず離れずの距離感が大事

少子高齢化が進む昨今、二世帯住宅の需要も年々高まっています。親世帯は毎日かわいい孫の顔を見て暮らせて生き甲斐が生まれるし、子世帯も子どもの面倒を見てもらえるなど、メリットはいろいろありますね。

二世帯住宅には、寝室以外のすべてを共用する「完全同居型」、玄関と水回りだけ共用する「部分共用型」、玄関も水回りもすべて別々の「完全分離型」の3つがあります。今の親子関係や生活時間帯の違いを考え、事前によく話し合ってから決めましょう。

二世帯住宅で気をつけたいのは生活音と距離感。つかず離れず、お互いに干渉しすぎないこと。ひとつ屋根の下にこれまで別々に暮らしていた二家族が暮らせば、最初はよくても、徐々にお互いのストレスが溜まってきます。理想を言えば、同じ敷地内に2棟建てて、ときどき顔を合わせる「スープの冷めない距離」で暮らすのがちょうどいいと思います。

親の世代は高齢ですから、いつか介護が必要になったり、施設に入ることもあるでしょう。そうなったときに備えて、車椅子に対応できるスロープやトイレ、段差のないバリアフリーなど、介護者と要介護者、どちらにもやさしいつくりにしておくことも大事です。

# ⑦ 外構（エクステリア）

## 使い勝手を優先して

外構は、家の印象を左右する「顔」です。つい、見栄えを優先しがちですが、毎日使うものだから、動線や使い勝手をよくするとストレスなく暮らせます。たとえば、玄関へのアプローチには雨でも滑らない安全性の高い素材を用いたり、掃除・お手入れのしやすさを考えた植栽や花壇にも気を配りましょう。

同時に、外構は住まう人の感性や想いを伝えることもできるので、門柱やパーゴラ、オーニング、ポストなどで上手に演出すれば、家の満足度もさらに高まるでしょう。

外構は後回しにせず、建物と同時進行でプランニングしよう。庭に植える木は、建物や人よりも長生きするので、どこに何を植えるのか、設計士と一緒に森林公園や造園業者に足を運んで慎重に選んでほしい（撮影：大関正行）

これまで私が取材してきた住宅を振り返り、「いいね！」と思った要素を組み合わせ、間取りや素材を考えてみました。奥さまの笑顔が増える家事ラク動線、適量適所の収納、開放感あふれる吹抜けのリビングなど、もし私がもう一度新築するチャンスがあるとしたら、こんな家を建てたいです（本当は平屋が理想なのですが、子育て世代で参考にできる方が限られると思うので）。

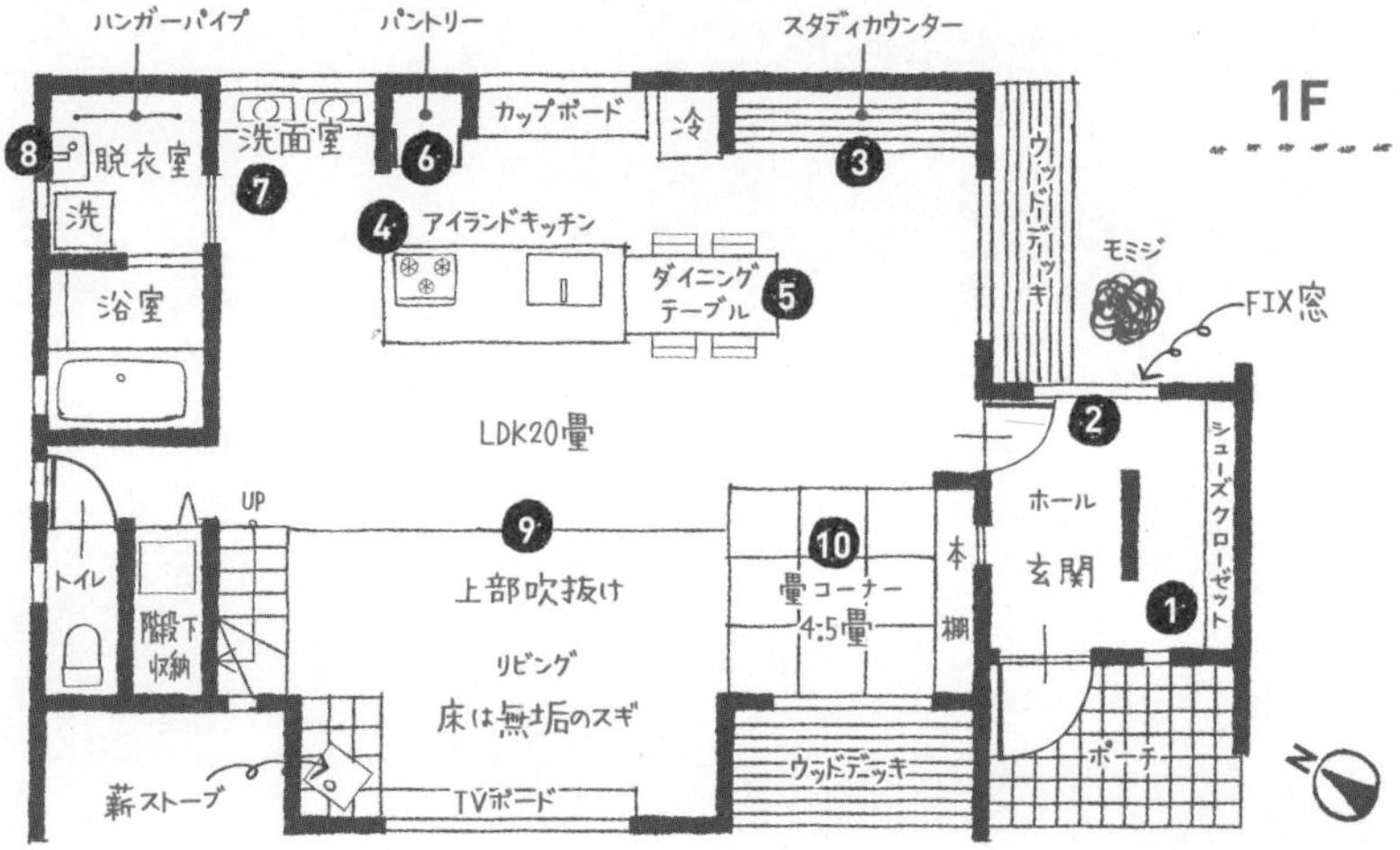


1. 家族とゲストの靴脱ぎ場は別々に。大容量のシューズクローゼットを造作し、ゴルフバッグやベビーカーもすっぽり収納できる
2. ピクチャーウインドウ（FIX窓）越しに、坪庭の紅葉が見える
3. キッチンに近い位置に設けたスタディカウンター。両サイドにランドセルや学校用具をしまえる収納棚を造作
4. キッチンを家の中心に配置したことで、奥さまは家族みんなを見渡せ、ぐるりと回れるので家事も効率的にこなせる
5. ダイニングテーブルをキッチンの真横に配置すれば、お手伝いもしやすくなる。ウッドデッキにも近いので、BBQの準備もカンタン！
6. ストックした食材をまとめて収納するパントリー。奥行きの浅い収納で、全体を見渡すことができて整理もラクラク
7. 洗面室と脱衣室は別々に。誰かが入浴中でも手洗いや歯磨きができる
8. 上靴などをつけおき洗いできる多目的流し（SKシンク）があると便利。毎日使う家族全員のパジャマやタオル類もここに収納
9. リビングとダイニングの間に軽い段差を設け、空間に変化をつける
10. 小上がりの畳コーナー。間仕切りすればゲストの寝室になる。天井まで届く本棚を造作し、ファミリーライブラリーとしても使える

※著者注：建ぺい率や容積率、基礎、構造などは度外視して描いてあります。あくまでも間取り・動線の参考としてご覧ください

# 住宅ライターがもし今度建てるなら こんな家がいい

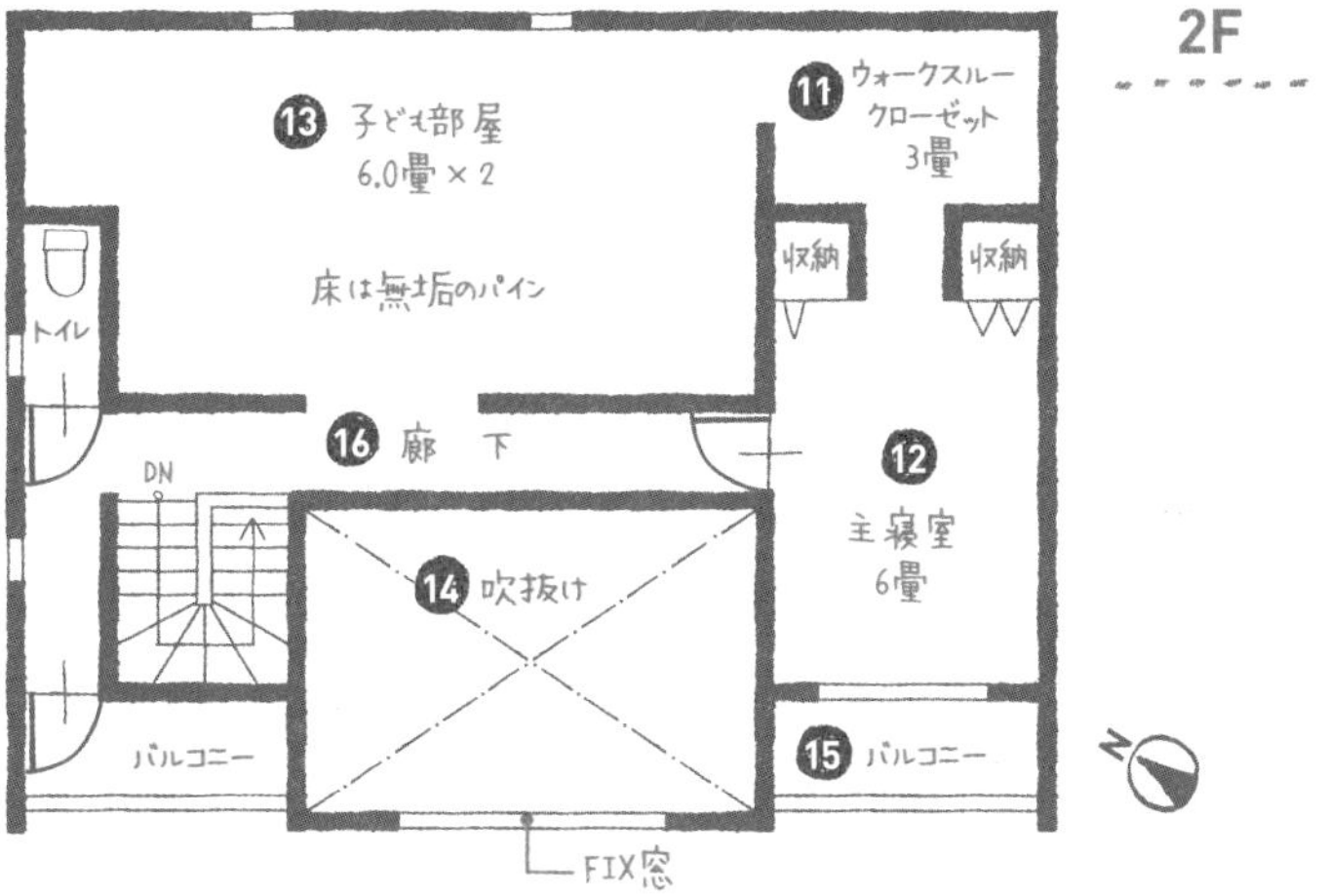


11 寝室からも子ども部屋からも行き来できるウォークスルークローゼット。雛人形や五月人形などの季節物もここに収納する

12 主寝室は勾配天井を採用し、6畳でも開放的な空間に。床はカーペット

13 子ども部屋は成長に応じて間仕切りできるよう、余白のある空間に。子どもたちが巣立ったら夫婦の趣味部屋として使う

14 家族のコミュニケーションをとりやすい吹抜け。超高気密・高断熱性能により、夏は涼しく、冬は暖かい

15 屋根付きのインナーバルコニー。少々の雨でも洗濯物が濡れないので、共働き奥さまも安心

16 吹抜けに面した壁は横組みの格子を採用し、子どもの落下を防止。南面の大きなFIX窓から眺望も楽しめる

**【想定物件DATA】**

●敷地面積：198.35㎡（60.00坪） ●延床面積：115.70㎡（35.00坪） ●工法：木造軸組工法 ●工期：6か月
●屋根：ガルバリウム鋼板 ●外壁：ALCパワーボード ●床：無垢スギ、無垢パイン ●天井：漆喰
●壁：漆喰、薩摩中霧島壁 ●断熱材：セルロースファイバー ●設備：太陽光発電システム、蓄電池、薪ストーブ
●その他：住宅性能評価書取得、構造計算、耐震等級3

■取材協力、間取り監修：ユートピア建設株式会社（モデルハウス「U-Smart2020」を参考）

Chapter

# 8

# 家を長く住み継ぐために

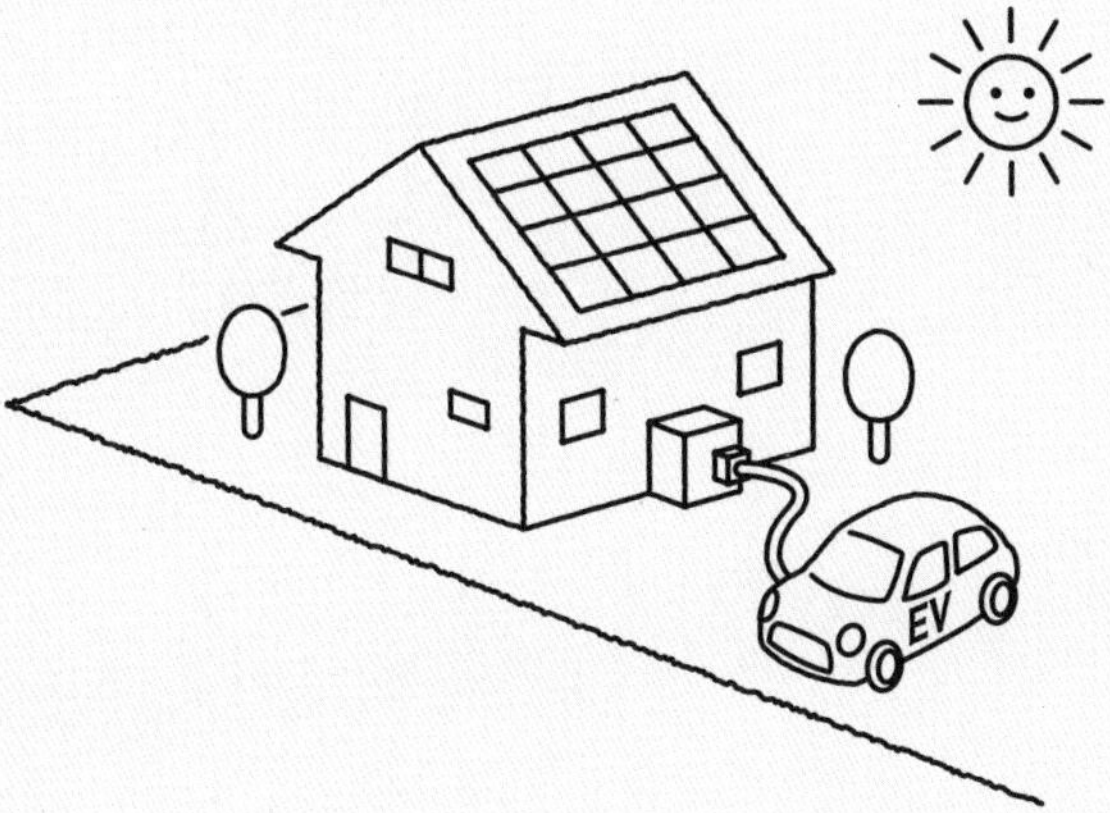


家は完成したら終わりではありません。
打ち合わせ、設計、施工に費やした時間より
住んでからの方が圧倒的に長いのです。
あなたから子どもへ、子どもから孫へ
長く快適に住み継いでいくためには
定期的なメンテナンスが必要です。
家は住まい手が愛情をかけると
長持ちして美しく熟成していきます。
もし、大地震などの自然災害が発生しても
家族の命と建物を守り、
避難所生活をしなくても済むように
自宅で電気の自給自足ができるぐらいの
防災対策も今後は必要でしょう。

# 防災型住宅を考える

今後30年以内に、70％の確率で首都直下地震や南海トラフ巨大地震が発生すると予測されていますが、その被害予想は史上最悪なものになりそうです。

東日本大震災では、地震の揺れに耐えられず倒壊した家が逃げ道を塞ぎ、津波の被害を拡大させたとも言われています。熊本地震では、繰り返しの地震に耐えることができなかった家が尊い人の命を奪いました。

これらの被害を最小限に抑える手段は本当になかったのかと、素人ながらに考えます。倒壊した家が道を塞いでいなければ、津波から逃げ遅れずに済んだかもしれません。家の耐震性がもっと高ければ、2度目の地震にも耐えられたかもしれません。そんな未熟な家づくりが原因で命が失われてしまった可能性があることを残念に思います。

## 構造だけでなく、地盤から考えた地震対策が必要

耐震、制震、免震という言葉を聞いたことがあるかと思います。

耐震は、構造を強化することで地震の揺れに耐え、建物の倒壊を防ぐ仕組みですが、どんなに建物を頑丈につくっても損傷する場合があります。制震は、建物の2階以上に伝わった地震の揺れを制震装置が吸収、低減する仕組みで、建物の損傷や家具の転倒を抑えます。

免震は、地震エネルギーを吸収し、建物に地震の揺れを伝えにくくする仕組みで、建物に損傷がない代わりに基礎に損傷が生じる場合があります。しかも一戸建ての場合、価格が400万～500万円と高いのがデメリットです。どれも一長一短がありますね。

また、地中を伝わってくる地震エネルギーから建物と暮らしを守るには、耐震、制震、免震などの安全対策と地震保険だけでは不十分です。地面から建物の基礎に伝わる地震エネルギーをいかに「いなす」かが重要なのです。

そこでお勧めしたいのが「スーパージオ®工法（地震免震工法）」です。これは、建物の重量と同じ量の地盤を取り除き、地面と建物の間に敷き詰めた特殊な軽量部材が緩衝材の働きをすることで（地震波をいなす）、激しい地震の揺れから建物を守る工法。液状化や軟弱地盤対策にもなり、最長30年間、最大1億円の保証付きです。免震工法の約半額でできますが、高低差のある土地など、条件によっては費用がかかりすぎる場合もあります。

地震に対して絶対大丈夫という言葉は禁物ですが、耐震等級3の強固な構造にスーパージオ工法＋制震装置を装備すれば、ひとまず安心ではないでしょうか。

## 太陽光発電と蓄電池で「電気を買わない暮らし」

これから訪れる未来の暮らしは、電気料金の高騰、地震などの災害による大規模停電など、電気エネルギーへの不安を抱えています。

以前、私が住む静岡県浜松市でも数日間の広域停電がありましたが、かなり不自由な生活を強いられ、いかに私たちの暮らしが普段から電気に頼っているかを思い知らされました。

停電しても普段通りに暮らすには、自宅で電気をつくるしかありません。そのために太陽光発電システムと、電気を貯めるための蓄電池が必要不可欠となります。

私はもともと屋根に穴を開けること自体に不安を感じていたので、太陽光発電には反対派だったのですが（売電価格も下がりましたし）、暮らしの大半を電気に依存していることを実感してからは、考え方を改めざるを得なくなりました。

電気は買う時代から、自宅で発電して「貯める」時代へ。電気自給率100％を実現するために、自宅で発電した電力や割安な深夜電力を貯めて光熱費をカットできるだけでなく、停電時にも電源を確保できる蓄電池の需要はこれからますます高まってくるでしょう。電気自動車と蓄電池の連携システムも急速に進んでいます。

太陽光発電の初期設置費用は以前より安くなりましたが、蓄電池はまだ高額です。しかも、200ボルトの蓄電池にしないと数日間の停電には対応できません。国や自治体がもっと補助金を出すなどして、コストダウンしてほしいと思います。

## エネルギー環境の問題点と国の改善目標

東日本大震災以降、原子力発電所の停止に伴い、日本の一次エネルギー自給率はわずか6％にまで落ち込んでいます。国は、2030年までに震災前（約20％）を上回る約25％へ自給率アップを目指しているそうです。

そのためにはまず、家庭で使う年間エネルギー消費量をおおむねゼロにするＺＥＨ《ゼッチ》（ネット・ゼロ・エネルギー・ハウス）を増やす必要があります。具体的には、建物の断熱性と気密性を高め、エアコンの使用量を減らし、高効率な給湯器やＨＥＭＳ《ヘムス》（ホーム・エネルギー・マネジメント・システム）を活用して、消費するエネルギーを減らします。さらに、太陽光発電でつくった電気や蓄電池に貯めた電気などを使うことにより、トータルでゼロにします。

## ＨＥＭＳを活用して、使うエネルギー量を減らそう

年間の使用エネルギー量を減らすには、どこでどれだけエネルギーが使われているのかを知る必要があります。そのために活躍してくれるのがＨＥＭＳです。ＨＥＭＳは、家庭で使うエネルギーを節約するための管理システムで、家電や電気設備とつないで電気やガスなどの使用量をモニター画面で「見える化」したり、家電製品を賢く自動制御したりすることができます。国は２０３０年までにすべての住まい（約５０００万世帯）にＨＥＭＳを普及させることを目指しています。

ＨＥＭＳは、ＩｏＴやＡＩに対応させることで、住まいの「できたらいいな」を当たり前にします。たとえば、設定した電気量を超えると自動的に照明の明るさが抑えられたり、天気予報と連動してエコキュートなどの沸き上げをコントロールしたり、外出先からスマホでお風呂を沸かしたり、エアコンのオン・オフ、宅配の着荷状態も確認できます。こうしたＩＴサービスにより、電気の無駄づかい防止や防犯をサポートしてくれるのです。

私は極度のＩＴ音痴なので、なかなか追いつけません。でも、買い物のキャッシュレス化がどんどん進んでいるのと同じように、ＨＥＭＳも私たちの生活になくてはならない、当たり前の省エネスペックとして浸透していくものと思われます。

## 可変性のある間取りが不可欠

医療の進歩などにより、人生１００年の時代が目前に迫りました。あなたが今30代なら約70年、50代なら約50年もその家に住み続けます。ですから、後々リフォームすることが困難な構造や断熱性能にはしっかりとお金をかけ、傷みやすい箇所にはメンテナンスや交換が容易な部材を取り入れましょう。そうすることで、家族みんなが安心して快適に暮らすことができ、次世代まで住み継がれる「ふるさとの家」が実現できるのです。

ライフスタイルは変化していくものです。たとえば、

- **子どもが生まれ、家族が増えたとき**
- **子どもが独立して、部屋が余ったとき**
- **親を引き取り、二世帯で暮らすことになったとき**
- **将来的に、自分たちが高齢者になったとき**

子どもの誕生や独立、ご主人の脱サラや起業、奥さまの産休・育休そして復職。突然の事故や病気で、車椅子生活を余儀なくされるかもしれません。ライフステージの変化とともに、住まいに対す

るニーズは変わってくるものなのです。

そんなときに、空き部屋がいくつもあるともったいないし、生活しにくい動線だと困りますよね。今は元気いっぱいでも、やがて2階への上り下りが苦痛になる日が来るかもしれません。家を長持ちさせるには、将来のあらゆる生活の変化を想定し、間取りを動かすことなく容易に変えられるようにしておくことが大事です。

3世代、4世代と住み継がれていく家。家族構成が変わってもストレスなく、誰もが達者で長生きできる住みごこちのいい家。いつまでも飽きのこない、住む人が心からくつろげる家。これからは、そんな家が求められるのではないでしょうか。

## 家の資産価値を高める「長期優良住宅」

家づくりの知識が少ない建て主さんのために、家の性能を10分野に分けて、それぞれを等級や数値で表示したものを「住宅性能表示制度」と言います。

これにより、建て主さんは、目に見えない性能を判断・指示できるのですが、悲しいかな、住宅会社側の負担が大きいため、普及率が極端に低いのが現状です。

そこで私が提案したいのが「長期優良住宅」です。簡単に言うと「長持ちする家」のこと。耐震性能・劣化対策性能・メンテナンス性能・省エネ性能などといった9つの性能を担保し、長期間使用できるようにした資産価値の高い家です。「住宅性能表示制度」の簡易版なのですが、それでも普及率はわずか30％を少し超えた程度にすぎません。

さまざまな税制の優遇や補助金も得られるので、最低でも長期優良住宅認定を取得してもらうよう住宅会社に頼みましょう。「費用と時間がかかるし、メリットはないよ」と言う方も多いのですが、自分が面倒なのでやりたくないだけです。ただ、長期優良住宅には第三者機関によるチェックがないので、「長期優良住宅もどきの家」が出回っているのも事実。この問題が解決され、どの家も正真正銘の長期優良住宅になったときに初めて、日本のスクラップ&ビルドの悪しき家づくりの伝統が終焉を迎えるのかもしれません。

## ●住宅ライターのおせっかい

防災型住宅はこれからますます研究開発が進んでいくでしょう。しかし、自然災害だけはいつ、どれだけの規模で襲ってくるのか正確な予測ができません。今、私に言えるのは、なるべく海から離れた高台で、地盤が強固な土地を探すこと。そして、構造計算を行い、最低でも耐震等級3、長期優良住宅認定の、丈夫で長持ちする家を建ててください。

# 家づくりを後悔しないための ホンネのチェックポイント

家づくりは人生の一大イベントです。
「こんなはずじゃなかった」「もっとこうすればよかった」と後悔しないために、
絶対に押さえておきたいポイントを教えちゃいます。
ただし、実際に住んでみてわかる反省点も
必ず出てくるということをお忘れなく。

## 1 契約金はいつ、どのタイミングで払う？

仮契約をしないと図面を描いてくれない会社、○回までは無料で描くけれど、○回目からは有料になる会社、建て主が納得するまで何度でも無料で描いてくれる会社など、費用が発生するタイミングは会社によってマチマチ。曖昧にしている会社も多いので、トラブルに発展しないよう、いつ、どのタイミングで仮契約や内金の支払いが発生するのか、キャンセル料はいつから、いくらかかるのか、最初に明確にしておきましょう。

## 2 保険や保証体制は万全か？

引き渡しから10年間は、構造上主要な部分（基礎、屋根、柱など）や雨漏りに対して、どの住宅会社もその保証責任を義務付けられています（住宅瑕疵《かし》担保責任保険）。20年以上保証する会社もありますが、「ただし、10年目の有償補修を行った方に限る」などと小さな文字で書いてある場合もあるので注意。アフターメンテナンスは何年間無料で修理や交換をしてくれるのか、有料となる場合はどんなケースなのかも確認して。

## 3 OB建て主さんの家を訪問する

モデルハウスやオープンハウスには、できるだけ多く足を運んでください。自分たち好みの家に出会ったら、実際にその会社で建てた建て主さんの家に連れて行ってもらいましょう。住んでみての感想、家づくりの体験談、よかったことと反省点を聞いてみます。本当に満足している建て主さんなら、喜んで話してくれるはず。建てた後からの住宅会社との関係性もわかります。時間を割いてくださる建て主さんへの感謝も忘れずに。

## 4 担当者は ずっと同じか？

営業担当者の人柄で住宅会社を決める人も多いと思います。しかし、契約した途端、担当者がぱったりと姿を見せなくなり、その後は最後まで設計士、コーディネーター、現場監督と打ち合わせをする会社もあります。大きな会社ほど、その傾向が強いようです。途中から担当者がコロコロ変わると、意思の疎通が難しくなり、いわゆる伝言ゲームになる危険も。担当者が最初からずっと寄り添ってくれる会社を選びましょう。

## 5 建て主さんのペースに 合わせてくれるか

家は何回も建てられる訳ではないので、家族でじっくりと検討したいものです。それにもかかわらず、やたらと契約を迫ったり、決めごとの返事を急かす住宅会社は、社員に過酷なノルマを課していたり、経営状態がよくない可能性もあります。建て主さんの奥さまが妊娠中や幼児を抱えているケースも多いので、「無理しないでください。体調がよくなってからにしましょう」などと、気を遣ってくれる会社を選びましょう。

## 6 上棟後、現場で担当者と一緒にチェックする

軒の深さ、窓の大きさと位置、開閉の種類、コンセントの位置と数、小上がりの高さ、玄関の明るさ、廊下の広さ、各部屋の天井の高さ、収納の場所と数、バルコニーの広さなど、図面ではイメージできないことを現場で確認させてもらいましょう。ニッチや棚が追加で欲しいと感じたら、このタイミングで依頼します。コンセントはポーチや庭にも付けておくと、洗車やガーデニングを楽しみたいときに重宝します。

## 7 引き渡し時のチェックポイント

床、壁、天井、ドア、ガラス、設備にキズや汚れはないか？　少しでも気になることがあれば、対応してもらえるのかどうかその場で聞いてみましょう。後回しは禁物です。「ここまで言ったら悪いかな」「このぐらいは我慢しよう」と妥協してしまうと、必ず後悔します。窓やドアの開け閉めはスムーズか？　階段を踏み込むときにミシミシと大きな音がしないか？　設備のメーカー・種類・色は合っているか？なども確認してください。

# おさらい

各章のポイントを簡潔にまとめてみました。時間が惜しい方のための「虎の巻」です。
一つひとつチェックしながら、初めての家づくりを必ず成功させましょう！

## 「いい家」とは何か？

□ 家の満足度は、勉強量に比例する。自分で基礎知識と判断力を身につけよう。
□ 家を建てようとすると失敗する。どんな暮らしをしたいのかを考えよう。
□ デザインよりも「住みごこち」を優先した方が満足度の高い家になる。
□ 家は小さく建てて大きく暮らすのが基本。大きすぎると、将来的に無駄が出てくる。

## 大切な「お金」のこと

□ 家族それぞれのライフプランを考えながら、無理のない資金計画を立てよう。
□ いくらまで借りられるかではなく、いくらまでなら返せるかを考えよう。
□ 住宅ローンの組み方次第で総支払い額が大きく変わってくるので、慎重に選ぼう。
□ 月々1万円の修繕費を積み立てよう。10年後のメンテナンス負担が楽になる。

## どこに頼みますか？

□ 対応が早く、勉強熱心で、本音で何でも言い合える住宅会社を選ぼう。
□ 他社を悪く言わない、家づくりが大好きなスタッフが集まっている住宅会社を選ぼう。
□ 何でも建て主さんの言いなりではなく、プロの提案をしてくれる住宅会社を選ぼう。
□ すべてにおいて長所と短所を説明してくれて、選ばせてくれる住宅会社を選ぼう。
□ 現場がいつもきれいで、大工さんが元気な挨拶をしてくれる住宅会社を選ぼう。
□ 工期短縮は百害あって一利なし。「いい家」をそんなに早くつくれるはずがない。
□ 打ち合わせの議事録を毎回きちんと残して、共有してくれる住宅会社を選ぼう。
□ 家づくり勉強会、構造見学会、オープンハウスに積極的に参加しよう。

## 土地の話

□ 子どもの学区優先で土地を選ばないこと。子育て後の人生の方が圧倒的に長い。
□ 土地の条件が悪くても、建築家や設計士のスキルでいくらでもリカバーできる。
□ 土地はなるべく安く買うこと。建物に多く予算をかけるべし。
□ 先に土地を契約しない。住宅会社を決めてから、一緒に土地を見てもらおう。

## 見えない箇所にお金をかける

□ 基礎、構造、断熱など、完成してからでは修復できない場所にお金をかけよう。
□ 健康で長持ちする「呼吸する住まい」を建てるには、構造・断熱・気密・調湿が大事。
□ どんな断熱材を使うにしても、きちんと施工することが絶対条件。
□ 深い軒を付け、自然エネルギーを活かしたパッシブデザインを採用しよう。
□ 窓は大きさよりも位置が大事。 風が抜けていくように対角線上に設置しよう。

## やっぱり自然素材でしょ

□ 地元の木で家を建てることが森林を循環させ、子どもの未来を守ることにつながる。
□ 床は無垢材、壁は漆喰がオススメ。 合板フローリングとビニールクロスは極力やめよう。
□ 最高級な蜂蜜の色のように光る、無垢材ならではの経年変化を楽しもう。
□ 住まい手が愛情を注ぐと家は輝きを増し、愛着も湧いてくる。

## 独断と偏見！間取り・設備のアドバイス

□ 室内の広さは数字ではなく、広く感じられるかどうかが大事。 開放感を求めよう。
□ 家具をケチると空間が台無し。 一生モノの家具で空間をコーディネートしよう。
□ 収納は延床面積の15～20％を確保しよう。 適量適所に分散させるのがポイント。

□ キッチンを中心に、ぐるぐると回遊できる動線が家事時間を短縮する。
□ 洗面室と脱衣室は別々に。女性が多い家族は洗面ボウルを2つ、鏡は大きめに。
□ 子ども部屋は4畳半でも十分。勉強は親に見守られながらダイニングで。
□ 二世帯住宅は親世帯、子世帯の距離感が大事。干渉のしすぎに注意すべし。
□ 外構(エクステリア)も建物と同時に考えよう。予算取りもお忘れなく。
□ 土地も建物も完璧はあり得ない。最高ではなく、「最良」の家づくりを目指そう。

## 家を長く住み継ぐために

□ 被災しても避難所に行かなくて済むように、電力の自給自足ができる家を目指そう。
□ 太陽光発電、蓄電池、HEMSなど、省エネを意識した家づくりを考えよう。
□ 30年後の暮らしまで見据えて、シンプルな構造と可変性のある間取りを考えよう。
□ 資産価値の高い家をつくるため、、最低でも長期優良住宅、耐震等級3を取得しよう。

# おわりに

最後まで読んでくださり、ありがとうございます。これまで、ゴーストライターとして人さまの本の代筆をした経験は何度もありますが、自分の本を書いたのは今回が初めてでデビュー作となります。

この15年間、毎年200棟以上の一戸建て、分譲マンション、モデルハウスを取材してきました。単純に計算しても、3000組以上の建て主さんにインタビューしたことになります。これだけ多くの物件を取材すると、見る目も自然に肥えてきます。その間、自分でも気づかないうちに、一滴一滴とコップに水が溜まっていました。コップはいっぱいになるまで何の変化も起こりません。やがていっぱいになって、表面が盛り上がった水面にある日突然、均衡を破る一滴を落としてくれたのがシャスタインターナショナルの編集者・戸田賀奈子さんでした。

彼女から、「読者にいちばん近い住宅ライターの視点で、住宅の本を書いてみませんか」とオファーをいただいたとき、飛び上がりたくなるほどの喜びが込み上げてきました。と同時に、私が主観的な意見を書くことで、住宅会社の方にご迷惑をかけないだろうかという複雑な感情が入り交じり、お引き受けすべきかどうか迷いました。なにしろ私は建築の素人。そんな未熟者が住宅について一冊の本を書くなんて無謀です。

けれど、これは私にしかできない仕事かもしれないと思いました。日頃から私は、職種に関係なく、仕事とは困っている人を助けることだと信じています。住宅に関して言えば、どんな家をどう建てたらいいのかわからない建て主さんと、いい家を建てているのに集客に頭を悩ませている住宅会社の方を助けるのが、私の仕事。ライターは、文章の力で人の心を動かすことができます。そうだ、こんな私だからこそ、住まい手と作り手双方の言葉にできない想いを文章で伝えられる、それがこれまでお世話になった多くの方々への恩返しになるのではないかと思い、批判されるのも覚悟でペンを執りました。このような貴重なチャンスを与えてくださった同社の林定昭社長と戸田さんに深く感謝いたします。

いざ書き始めてみると、コップの縁から一気に水が流れ落ちるように、次から次へと言葉があふれ出てきました。想いが無限に広がり、頭で考えるより先にキーボードを打つ手が止まらないのです。これも言いたい、あれも伝えなきゃ。そうそう、あの建て主さんから聞いた経験談は外せないな……。あまりにもいっぱい伝えたいことがありすぎて、実は長々と原稿を書いたのですが、その半分をカットせざるを得ませんでした。

この本を執筆するにあたり、私が普段から家づくり博士と尊敬してやまない新栄住宅の塩澤直己社長に、細かい部分までご指摘、アドバイスを頂戴しました。

表紙カバーのほっこり癒やされるイラストは、公私ともにお世話になっている巨匠・スズキミツヒロ氏にお願いしました。そして、素敵な装丁と本文デザインで稚拙な文章を引き立ててくれた山岡理恵さん。家事・育児に追われながら、デザイナーとして第一線で活躍するあなたのタフな精神力にはいつも頭が下がります。今回もたくさん助けてもらいましたね。ありがとう。

また、推薦文を書いてくださった憧れの小説家・鈴木光司先生。ただの一ファンにすぎない無名ライターの図々しい要望を快諾してくださり、ありがとうございました。「おまえは俺の弟子だ」と身に余るお言葉をいただいたこと、一生忘れません。

私が本を出版することができたのも、広告を掲載してくださる住宅会社さん、取材する機会を何度もくださるしずおかオンラインの海野尚史社長と営業スタッフのみなさん、優秀な制作チームとカメラマン諸氏。そして、休日にもかかわらず、取材にご協力いただいた大勢の建て主さんのおかげです。この場をお借りして御礼申し上げます。

そして最後に、家族にも感謝の言葉を言わせてください。年がら年中、取材で家を空ける私に対して文句のひとつも言わず、家事、子育て、介護、経理を一手に引き受けて、家を守ってくれる妻よ、ありがとう。君の支えがあるから安心して「いい仕事」ができます。これからもよろしくお願いします。

この本を書く間、ずっと応援して心の支えになってくれた最愛の娘よ、ありがとう。

家を建てることは、人生において素晴らしい経験と思い出になります。帰りたくなる家、帰れる家があるのは幸せなことです。家族と一緒に過ごす時間を大切にし、暮らしの「巣」である我が家を末長く愛してください。そして、30年後、50年後にご夫婦が縁側でお茶でも飲みながら、「この住宅会社を選んでよかったよね」と笑顔で語り合ってほしいというのが私の願いです。この本がみなさまの家づくりのお役に立てたなら、著者としてこれ以上の喜びはありません。今度はぜひ、あなたの家を取材させてください。

木村 大作

2020年4月

## 写真提供社リスト(50音順)

| 社名 | URL | TEL |
|---|---|---|
| あだちの家。足立建築 | https://www.adachikenchiku.com/ | ☎053-592-4881 |
| インフィルプラス | https://www.infillplus.co.jp/ | ☎053-440-0445 |
| 石牧建築 | https://ishimaki.com | ☎053-523-9180 |
| 幸和ハウジング | https://www.kowa-h.com | ☎0120-570-998 |
| サイエンスホーム | https://www.sciencehome.jp | ☎053-416-1800 |
| 四季彩ひだまり工房(高田工務店) | https://www.hidamarikoubou.jp/ | ☎053-596-3900 |
| 新栄住宅 | http://www.shinei-jyuutaku.jp | ☎0120-13-3111 |
| 納得住宅工房 | https://www.nattoku.jp | ☎0120-7109-58 |
| Hands Works(ハンズワークス) | http://www.handsworks2015.com | ☎0545-32-9155 |
| ぴたはうす(安食建設) | https://www.pitahouse.co.jp | ☎0120-155-159 |
| 深見工務店 S-style | http://www.fukami-koumuten.com/ | ☎0565-82-2848 |
| フジモクの家(富士木材) | http://www.fujimokunoie.jp | ☎0545-63-0123 |
| Blue Style | https://www.blue-ie.co.jp | ☎0120-181-883 |
| MABUCHI | https://www.mabuchik.com | ☎0120-17-2347 |
| ユートピア建設 | https://www.utopia777.co.jp | ☎0120-26-3890 |

この本に掲載された写真は、これまで私が取材してきた中で、最大級の信頼を寄せる上記工務店様からご提供いただきました。

厚く御礼申し上げます。

## 木村大作　きむら・だいさく

1963年、山口県生まれ。早稲田大学商学部卒業。
「株式会社 好文堂」代表取締役。
コピーライター、エディター、クリエイティブディレクター。
静岡コピーライターズクラブ（SCC）会員。
株式会社リクルート、タウン誌編集室を経て、
2006年からフリーランスのコピーライターとして活動開始。
2018年、編集プロダクション好文堂設立。
年間200棟、累計3,000棟の新築住宅やモデルハウスを取材し、
さまざまな住宅雑誌やウェブサイトに記事を掲載中。
住宅のほか、スポーツ、医療、介護、企業紹介などをテーマに、
雑誌や書籍などの執筆やインタビューを手がけている。
『リング』でホラーブームの火付け役となったベストセラー作家、
鈴木光司氏とは取材を通じて知り合い、20年以上の親交がある。

「好文堂」公式サイト　https://kobun-do.com/


表紙イラスト／スズキ・ミツヒロ（Studio Engine Room）
装丁・本文デザイン／山岡理恵
校正／水戸千秋（ディクション）
取材協力／塩澤直己（新栄住宅株式会社）

Special Thanks
足立 操、安食誠一、石牧真志、石田剛基、稲葉紀代、宇井麻里奈、宇佐美智未、内田 努、海野尚史、大石晃弘、大端 将、荻野勇樹、川口祐介、久保 淳、倉本 大、鈴木光司、高田佳宏、瀧 貴恵、武本博徳、戸田賀奈子、夏目幹史、西久保美和、野末 拓、長谷川清美、星野裕香、深見友和、増田哲也、村上順一、村木貞夫、森島吉直、山口玲以子、山元哲也　（50音順・敬称略）

3000棟取材した住宅ライターが明かすホントのこと
# 失敗しない家づくりの法則

2020年4月30日　　第1刷 発行

著　　者　木村《きむら》 大作《だいさく》
発 行 者　林　定昭
発 行 所　シャスタインターナショナル
〒203-0013東京都東久留米市新川町2-8-16
電話 042-479-2588(代表)
https://www.shasta.co.jp

印刷・製本所　株式会社 光邦
組　　版　東海電子印刷株式会社


ISBN978-4-908184-28-4　C0052